François Châtelet

Platon

Gallimard

Philosophe, professeur de philosophie et homme engagé dans les conflits de la Cité, François Châtelet (1925-1985) n'a jamais pensé qu'on pouvait dissocier ces trois activités.

Il y avait du Socrate en lui, comme s'en souviennent des générations de lycéens et d'étudiants de Fénelon, Saint-Louis, Louis-le-Grand, de l'École polytechnique et des Universités de Paris VIII et de Paris I.

Ses écrits relèvent de l'histoire de la philosophie (*Périclès*, *Hegel*, *Histoire de la philosophie* dont il assuma la direction), de la philosophie politique (*Logos et Praxis*, *Naissance de l'histoire* et *Histoire des idées politiques*, en codirection avec Evelyne Pisier et Olivier Duhamel) et de la critique des idées (*Questions objectives*, *Dictionnaire des œuvres politiques* en collaboration avec Evelyne Pisier et Olivier Duhamel).

Il faut y ajouter sa réflexion sur son métier (*La philosophie des professeurs*) et sur sa vie (*Chronique des idées perdues*).

à Lucien Sebag

« ... *nous, platoniciens...* »

Aristote
Métaphysique, A, 9.

Introduction

Platon est mort il y a plus de vingt-trois siècles. Quel intérêt y a-t-il donc, pour nous qui sommes plongés dans les problèmes confus et complexes de la civilisation technicienne, problèmes dont l'étrange et constante nouveauté ne cesse de nous exalter et de nous accabler, à interroger un penseur si lointain, si évidemment vieilli ? En quoi nous parle-t-il encore, que peut-il nous dire, comment nous est-il possible de l'entendre et que retiendrons-nous de son discours ? La distance n'est-elle pas trop grande entre lui et nous pour qu'un message sensé, vivant, significatif puisse être transmis ? Les différences de mode de vie, de préoccupations fondamentales ne sont-elles point de nature telle qu'au fond toute tentative de communication est, à l'avance, vouée à l'échec ? Abandonner Platon à la divinité des grands penseurs désuets, le saluer, ainsi que l'exige la politesse de la culture, l'inscrire au Panthéon des dieux auxquels on n'accorde plus que des libations formelles, reconnaître aux érudits — que l'on traitera avec le respect limité qui leur est dû — le droit de poser des « problèmes platoniciens » comme d'autres posent des problèmes d'échecs ou de bridge, n'est-ce pas là l'attitude sage et efficace que recommande à la pensée la situation contemporaine?

Formulons la question plus nettement encore : n'est-ce pas en raison d'une fâcheuse habitude de la culture et du poids d'une tradition illégitime que nous nous référons encore aujourd'hui à un écrivain qui, vivant dans une tout autre ambiance que la nôtre, pouvait seulement s'interroger sur des faits n'ayant avec nos propres faits que des rapports lointainement analogiques? Le retour à Platon n'est-il pas un moyen habile de se détourner de l'essentiel contemporain — la faim, les antagonismes des nations et des classes, les processus d'industrialisation, la bombe atomique — au profit d'un imaginaire culturel rassurant? N'est-il pas un prétexte grâce auquel chacun peut occulter arbitrairement ses préoccupations présentes en les couvrant du voile de sacralité que confère normalement la référence à un passé lointain?

De Platon comme prétexte? L'étonnant est précisément que cette occultation qu'opèrent, depuis des siècles, disciples, commentateurs ou critiques n'a jamais pu, ne peut jamais devenir tout à fait arbitraire. Qui se tourne vers le fondateur de l'Académie rencontre bientôt une résistance surprenante et se voit contraint d'entrer en dialogue. Veut-il oublier son propre temps, se perdre dans l'ambiance platonicienne? En interrogeant le *Phédon*, *La République* ou le *Timée*, il s'aperçoit bien vite que c'est déjà de lui qu'il est question dans ces dialogues, de lui avec toutes les dimensions de sa modernité. Veut-il au contraire oublier l' « ancienneté » du platonisme, le traiter comme contemporain ? Il ne tarde guère à se rendre compte que subsiste une étrangeté fascinante, l'étrangeté que possèdent les périodes originaires.

Car c'est bien cela : Platon ne saurait être constitué ni en « curiosité archéologique », ni en écrivain prétexte. C'est de nous qu'il parle, de l'homme en proie à la triple problématique caractéristique de son destin, de l'individu qui cherche la satisfaction, du citoyen qui veut la justice, de l'esprit qui réclame le savoir ; et sa parole retentit singulièrement parce qu'elle émane d'un temps et d'un lieu d'origine où furent prises, dans des circonstances exceptionnelles, des décisions qui, désormais et quelques inventions qui furent faites depuis, déterminent notre culture.

Platon est, d'abord, un *témoin*, le témoin génial et critique d'une période qui s'est trouvée jouer, dans la suite de l'histoire, un rôle capital — réellement ou imaginairement. Il vit à l'époque de la décadence politique de la Cité : la Grèce — partagée en plusieurs centaines d'États rivaux dont la plupart ont la taille d'une commune et dont le plus grand a une superficie à peine égale à celle de la Seine-et-Marne — non seulement ne parvient pas s'unifier autour d'une direction commune ou d'un principe fédéral, mais encore, au ıv^e siècle, se perd en des conflits de plus en plus cruels et dérisoires. Divisée, affaiblie, elle est une proie tentante et facile pour les rois, tyrans ou chefs de guerre, barbares ou semi-barbares, d'Asie ou d'Europe... Athènes, la plus opulente et la plus inventive des villes, qui, au siècle précédent, avait conquis un vaste empire et régnait, incontestée, sur les mers, qui s'est illustrée par ses poètes, ses orateurs, ses architectes, ses historiens, qui a su présenter, pendant quelques décennies, l'image d'une organisation sociale efficace et juste, est maintenant la proie des démagogues et se révèle incapable de mener une politique cohérente. Sa rivale, l'antique et vertueuse Sparte, elle-même se corrompt et s'efface...

Or, cette rupture dans le mouvement jusqu'alors ascendant de la Grèce a, au moins, ce privilège d'incliner la pensée à porter témoignage, à jeter un regard rétrospectif et critique sur les grandeurs et les faiblesses du passé et à dévoiler les raisons de celles-ci et de celles-là. L'histoire qui se défait contraint à juger l'histoire qui s'est faite. Et, précisément, parce que l'histoire qui s'est faite a engendré des réalités et des œuvres exemplaires, un tel jugement va avoir une portée décisive.

Car la Grèce classique, du temps de son succès, et, singulièrement, Athènes ont su inventer, dans tous les domaines, des types d'organisation, des formes culturelles, des concepts qui constituent encore, aujourd'hui, pour nous, l'essentiel de ce que nous appelons *civilisation*. Il n'est pas question de faire ici le recensement, même schématique, des apports de ce qu'on se plaît à appeler le « miracle grec ». Qu'il suffise de rappeler, sans ordre, qu'au cours du vᵉ siècle fut défini et pratiqué un fonctionnement politique — la démocratie — mettant le pouvoir de décision « au milieu », c'est-à-dire également à la portée de tous les citoyens, que fut établie l'égalité de chacun devant les lois publiquement connues, que fut institué un ordre « économique » assurant une participation effective de chaque membre à l'ensemble de la société, que la vie religieuse devint, en droit et en fait, l'affaire de tous, que le peuple se rassembla, lors des grands concours dramatiques, pour attribuer la palme à Eschyle, à Sophocle ou à Aristophane, que l'urbanisme devint un art, qu'Hérodote, « père de l'histoire », écrivit son *Enquête* et Thucydide l'*Histoire de la guerre du Péloponnèse*, que la parole explicite fut considérée comme la « technique des techniques, » que des « professeurs » s'appliquèrent à diffuser un enseignement systématique et original, que des monuments rayonnants de lumière et d'harmonie s'élevèrent au lieu où, naguère, se cachaient les cryptes...

De toutes ces inventions, Platon est le témoin ; il en parle ; parce qu'il juge de leurs conséquences, lui qui est pris dans un mouvement de décadence qui lui est insupportable, il met en évidence leurs significations, il les analyse : il les pense et comprend à quelles motivations profondes — légitimes ou non — de l'homme elles répondent. Et, du coup, il nous aide. Car ces formes politicoculturelles et les mythes qui les auréolent, ce sont aussi et encore les nôtres ; nous en sommes tributaires, comme nous sommes tributaires de la culture hébraïco-chrétienne, de la révolution scientifique et technique introduite par Galilée et Descartes. Platon les prend à distance et les met en question. Il se demande ce que veut dire *démocratie* et à quoi conduit un tel régime ; il s'interroge sur le statut civique de la religion, sur l'intérêt réel du théâtre, sur ce que signifie « enseigner », sur ce que valent, au fond, l'art et la poésie...

En le lisant, nous qui sommes engoncés dans une tradition si convenue que nous ne songeons plus à y réfléchir, nous voilà, grâce à la fraîcheur qu'il nous redonne, capables, peut-être, de penser à nouveau. Parce qu'il a assisté à la naissance d'éléments qui, au plus profond, nous constituent et qu'il a été à même de vivre et de penser leur mouvement originaire, c'est bien à ce qu'il y a de plus profond en nous qu'il s'adresse.

Cette fraîcheur qui rappelle chaque lecteur à soi-même, elle n'est point seulement dans l'esprit du platonisme, elle est aussi dans son mode d'expression. Nous aurons à analyser, dans la suite, d'une manière plus complète, la nature et la signification du *dialogue* comme style spécifique du discours. Mais ce sur quoi nous voudrions insister, dans cette *Introduction*, c'est sur la foisonnante richesse littéraire que manifeste l'œuvre de Platon. Car il n'est pas assez de parler de l'élégante beauté de la langue platonicienne : plus frappante encore est la correspondance qui s'établit à chaque moment du dialogue, selon la situation psychologique des interlocuteurs, entre le contenu de la pensée et la façon de l'exprimer.

En fait, le mode d'exposition, dans l'œuvre de Platon, est caractérisé par une diversité maîtrisée qui en fait un remarquable modèle. De la vivacité de la conversation quotidienne à la précision de l'analyse théorique en passant par le lyrisme du récit mythique, toutes les « manières littéraires » sont utilisées pour révéler la complexité et les niveaux divers de la parole sensée. Tantôt le dialogue prend le ton d'une conversation enjouée entre interlocuteurs de rencontre qui, à la palestre ou au bord d'un ruisseau, prennent plaisir à bavarder ; tantôt c'est un échange d'idées entre deux amis s'inquiétant d'un problème d'intérêt général ; tantôt encore c'est à une réunion de convives qu'il est donné d'assister, chacun des commensaux se livrant aux jeux verbaux, en apparence peu sérieux, où sa verve et son imagination l'entraînent ; tantôt enfin l'interlocuteur principal — le plus souvent Socrate — donne une leçon, les répliques des auditeurs servant alors à relancer ou à nuancer la démonstration.

De la comédie satirique — tel ce *Ménexène* où Platon met en scène deux disputeurs ridicules s'affrontant autour de subtilités vaines — au discours inspiré et tendu de l'Athénien des *Lois*, de la leçon de logique que donne l'« Étranger » dans *Le Sophiste* aux grandioses constructions historiques et cosmologiques que développe le *Timée*, des feintes naïvetés des premiers dialogues à l'argumentation didactique et serrée de *La République* et à la description dramatique du *Phédon*, tous les « genres » que la pensée utilisera plus tard pour convaincre, persuader ou, simplement, se manifester sont ici comme en germe.

Définie par Hérodote, affermie et rationalisée par Thucydide, la prose grecque, dans le texte platonicien, fait apparaître ses possibilités multiples : et, du même coup, elle lègue à la pensée l'instrument, le matériau et le modèle de son perfectionnement ultérieur.

Cependant, en présentant Platon comme témoin et comme écrivain, nous n'atteignons encore que par le biais les aspects essentiels de son œuvre. Si la confrontation avec le platonisme est nécessaire, c'est que celui-ci est la manifestation première, conséquente et dûment fondée d'une conception philosophique qui a traversé jusqu'à nos jours la culture de son rayonnement et a formé une école, fleuron de l'Esprit. Cette école, on dit qu'elle est l'*idéalisme*, le *spiritualisme* ou encore le *réalisme des essences* — la dénomination, d'ailleurs, importe peu lorsque l'on considère la richesse du contenu. Elle a joué, dans l'histoire de la philosophie, un rôle déterminant et a eu de l'influence en des domaines où le concept n'est point dominant. Baudelaire est un poète platonicien et, quelques années avant la Seconde Guerre mondiale, un grand mathématicien soutenait une thèse faisant revivre la théorie des nombres de Platon.

De quoi donc nous avertit le platonisme ? De nous méfier du corps, de ses pulsions, de ses attachements, de ses messages ; de ne pas nous laisser aller aux attraits multiples et contradictoires que présente le monde naturel, celui qui de toutes parts nous sollicite dans la perception, nous attire, nous émeut et nous effraie ; de comprendre que cet univers perçu — qui paraît être le critère de toute satisfaction, de toute existence, de toute vérité — est seulement une toile de fond dérisoire et provisoire qui s'effiloche au cours du devenir et qui, lorsqu'on y réfléchit, se révèle n'être qu'un piètre juge et avoue bientôt sa carence, sa vacuité et sa caducité ; de savoir, dès lors, que les succès et les joies qu'offrent les sociétés existantes — tout entières fascinées par la matérialité — sont de peu de prix, comme, d'ailleurs, sont misérables et insensés les douleurs et les échecs qu'elles infligent.

Faut-il se retirer de *ce* monde ? Faut-il s'enfermer dans le silence et la contemplation du vide de l'Être ?

Le platonisme définit une autre voie autrement fructueuse : celle d'une pensée qui, par la médiation du discours dialogué, de l'assentiment d'autrui et de la recherche de soi, prenant appui sur les bribes d'être subsistant au sein de ce faux être qu'est le monde naturel, cherche à découvrir, au-delà, l'Être véritable. Car ce dernier *doit* être : s'il n'*est* pas, alors la parole n'est plus qu'un bruit, le jugement, l'expression, banale ou rusée, des intérêts et des passions individuels. S'il n'est pas, chacun est en droit de se laisser aller à ses pulsions, l'organisation sociale n'est plus qu'un rassemblement fortuit de volontés de puissance et de jouissance et l'idée même d'une satisfaction durable, dont soient exclues la violence et la peur, devient impensable...

Or, il se trouve que les hommes croient à l'intérêt de la parole, à la possibilité d'un discours qui fasse l'unanimité, qu'ils luttent — en dépit et à cause de leurs intérêts et de leurs passions — pour ce qu'ils appellent « justice », qu'ils veulent une « vie bonne » et qu'ils acceptent de mourir pour leur dignité ou leur salut. Le platonisme inaugure — dans la plénitude des moyens de la pensée — cette recherche attentive et forcenée d'un arrière-monde, d'un univers « méta-physique », plus vrai que ce monde-ci, « sensible à l'œil de l'âme », qui donne consistance et raison à cette autre recherche, confuse, incertaine et héroïque de l'humanité, quêtant la vérité et la justice.

Il n'importe pas de déterminer, dans cette *Introduction*, si ce chemin de légitimation adopté par Platon est le bon, s'il n'est pas d'autre chemin qui participe d'une autre métaphysique ou qui ne soit point métaphysique du tout. Ce qui compte, c'est qu'avec l'œuvre de Platon commence une tradition proprement philosophique qui, prenant des distances à la fois par rapport aux obscurités de la religion reçue et aux facilités de l'opinion publique, définit, contre la brutalité des faits, les droits et les exigences de l'Esprit. Et, quelque jugement qu'on porte sur cette tradition, celle-ci demeure un des pôles par référence auquel la culture, dans son cheminement dramatique, a pu, au cours des siècles, organiser son progrès, délimiter ses concepts et asseoir son projet.

Mais ce n'est pas assez. Définir Platon par l'*idéalisme* ou le *réalisme des essences* — quelque effort qu'on ait fait auparavant pour mettre en évidence sa liberté comme témoin ou sa richesse comme écrivain —, c'est l'enfermer dans une doctrine et, finalement, méconnaître le sens profond de son œuvre. Car la méthode dialectique, la conception politique, la théorie des Idées — découvertes culturelles décisives — renvoient à une invention plus significative encore, qui est celle de la philosophie même. Nous essaierons, dans les chapitres suivants, d'établir plus sérieusement ce point. Qu'on nous permette d'indiquer seulement ici ce qui nous paraît capital. Certes, avant Platon, dans la civilisation grecque, dans d'autres civilisations, il y avait de la pensée, qui visait la vérité et se voulait universaliste ; des conceptions de la divinité, de l'homme, du monde et de leurs rapports avaient été développées ; des « logiques », des « morales », des politiques avaient été définies, et souvent avec une grandeur et une profondeur admirables. En ce sens, il y avait déjà de la philosophie et des philosophes...

Et, cependant, à toutes ces constructions, à toutes ces théories manquait un élément que le platonisme va apporter et dont, du même coup, il va mettre en lumière l'importance. Il y manquait la *légitimation*. Ces « conceptions du monde », ces philosophies préphilosophiques se présentaient dogmatiquement ou lyriquement comme des leçons et comme des poèmes, s'imposaient, de leur fait même, comme vraies ou comme bonnes. Elles étaient de l'ordre du *dire*, d'un dire qui se suffit à soi-même et ne se distinguaient, finalement, de la révélation ou de la prophétie de type religieux que par une meilleure attention accordée aux choses d'ici-bas. Parce qu'il éprouve douloureusement l'inefficacité d'un *dire* qui ne parvient pas à justifier pourquoi il dit ceci plutôt que cela, parce qu'il vit dans une Cité où la parole-reine devient de plus en plus évidemment prostituée, Platon comprend qu'il faut — pour sauver l'homme de la violence — donner un autre statut au discours.

Il s'agit non plus de discourir, de *dire*, mais d'élaborer — face à tous ces discours disparates que tiennent les citoyens au gré de leur fantaisie ou de leurs intérêts — un discours qui puisse être légitimement tenu pour juge de tous les discours. Celui-là, chacun — pourvu qu'il parvienne à faire taire sa passion — doit pouvoir le recevoir comme vrai et le prendre pour critère de son opinion et, partant, de sa conduite. Or, le moyen par lequel un tel discours peut être construit, c'est précisément le *dialogue*. Dans le dialogue, deux *dires* s'affrontent, deux opinions, deux passions. Mais il suffit que l'un des interlocuteurs comprenne que l'affrontement est sans issue s'il ne tourne pas en confrontation pour qu'un nouveau type de parole surgisse. De Socrate, Platon a appris qu'il fallait dialoguer non pour *dire*, mais pour laisser l'autre éprouver peu à peu l'inutilité, le vide de son discours. Et lorsque l'autre est rendu à son désarroi, lorsqu'il expérimente, dans la confusion, à la fois l'impossibilité et la nécessité de parler, alors, de la question posée par « celui qui sait qu'il ne sait rien » à celui qui croyait savoir et qui sait maintenant qu'il ne sait plus rien, vient une solution.

Les deux interlocuteurs sont, en effet, sur un autre terrain désormais : ce n'est plus d'eux-mêmes qu'ils parlent, ce n'est plus leurs opinions qu'ils expriment ; ils laissent parler, dans leur discours dont la contradiction s'est infléchie en dialectique, une autre réalité qui n'est ni l'un ni l'autre, qui est présente en chacun et *qui est le discours même*. Le même mot, en grec, signifie « discours » et « raison ». Nous y reviendrons. Dans le discours *de fait* — et nous ne cessons, *de fait*, de dialoguer — se profile nécessairement une exigence *de droit* : au-delà de ce que nous sommes et de ce que nous disons, il y a, en chacun de nous, un juge qui justifie, qui légitime, qui fonde ce que nous sommes et ce que nous en disons. Qui en rend *raison*.

Que la pensée maîtresse d'elle-même passe obligatoirement par cette médiation, qu'elle n'assure sa vérité qu'en se prouvant universelle et qu'elle ne prouve son universalité qu'en se fondant au regard de toute contestation d'un interlocuteur possible, c'est là ce que découvre Platon lorsqu'il invente la philosophie, au moins dans le sens strict qu'a donné à ce terme, dans son exer-

cice effectif, la pensée occidentale. Or, il se trouve —
pour des raisons et des causes historiques que nous
n'avons pas à analyser ici — que la philosophie ainsi
définie, en tant qu'elle a déterminé ce qui est et ce que
doit être la Raison comme critère et comme juge, constitue le fondement de la civilisation à laquelle nous,
aujourd'hui, nous participons. En effet, l'univers scientifique, technique et administratif qui est le nôtre apparaît comme la mise en œuvre, la réalisation de ce principe de rationalité dont la philosophie naissante, avec
Platon, avait déterminé la signification et le statut.
Certes, la notion de Raison a subi, depuis le ive siècle
avant notre ère, des mutations profondes : elle a été
enrichie de déterminations nouvelles par la tradition
judéo-chrétienne, par la découverte au xviie et au
xviiie siècle des procédés propres à l'expérimentation
physique, par la conscience prise au siècle suivant du
caractère fondamentalement historique de l'existence
humaine. Mais ces transformations et ces enrichisse-
ments se dessinent à l'intérieur d'un même cadre, celui
d'une pensée qui se veut soumise à ce que la philosophie d'École appelle le *principe de raison suffisante* et
dont Platon a donné la première formulation exhaus-
tive.

Tout se passe comme s'il avait été donné à Platon
d'élaborer la *logique de la Raison* et à notre civilisation
industrielle d'en *organiser la pratique*. Dès lors, le « retour à Platon » présente un double intérêt : *généalo-
gique*, d'une part, dans la mesure où dans son œuvre
sont jetés, dans la transparence et la rigueur du domaine
conceptuel, les fondements de notre culture ; *critique*,
d'autre part, par le fait que peut-être les irrationalités

qu'il dénonçait, les obstacles multiples — définitifs ou provisoires — se dressant constamment contre le plein épanouissement de la Raison sont encore ceux qui contrarient notre progrès ou le détournent de sa fin ; et peut-être aussi, pour importants qu'ils soient, les résultats des recherches positives — sociologiques, psychologiques, économiques, ethnologiques — ne peuvent-ils être correctement déchiffrés que par référence à ce projet originaire de la rationalité.

Ainsi, on le voit, lire Platon, c'est moins se retourner vers le passé que regarder en avant, avec le fondateur de l'Académie, vers un horizon dont il a tenté de mettre en évidence les obscurités et les lumières.

Mais comment lire Platon ? Le présent texte ne songe à être qu'une introduction à une telle lecture. Autant dire qu'il ne s'agit nullement ici de « résumer » — en des termes d'école — la doctrine platonicienne. Le voudrait-on, d'ailleurs, qu'on s'exposerait à une alternative dangereuse : ou bien prétendre détenir une orthodoxie, une interprétation exacte — et qui peut avoir une semblable prétention face à un penseur comme Platon ? — ou bien proposer audacieusement une compréhension nouvelle — mais l'histoire de la philosophie croule, aujourd'hui, sous les « compréhensions nouvelles » et pourquoi ajouter celle-ci à celles qui déjà existent ?

Il vaut mieux, répétons-le, essayer de donner au lecteur de *ce* livre envie de lire les textes mêmes : ceux de Platon. Sans doute, pour réaliser ce projet, pour susciter cet intérêt renouvelé pour le platonisme, avons-nous dû faire choix d'une perspective. Nous avons pensé

que le chemin royal qui permet de pénétrer dans la problématique platonicienne et d'en restaurer, aujourd'hui,
la nécessité et l'unité significative est celui de *la politique*. Nous n'affirmons nullement que ce soit là la voie
de l' « orthodoxie » ou qu'elle soit la seule légitimement
praticable. La richesse de Platon admet d'autres modes
d'accès : ce n'est pas seulement parce qu'il a compris le
drame de la Cité et que, du coup, il a su théoriser la
question essentielle de toute politique théorique et pratique, qu'il a inventé la philosophie. C'est aussi parce
qu'il a dû répondre aux interrogations que faisaient
surgir la religion, la théorie de la connaissance, la logique, l'art, la cosmologie de son temps, parce que —
déjà — se posait, au sein de la Cité décadente, le problème du salut individuel...

D'ailleurs, l'œuvre de Platon est au-delà de ces divisions abstraites. Pour assumer et dépasser cette abstraction, essayons donc — après bien d'autres — l'a-
bord politique.

CHAPITRE PREMIER

Le philosophe assassiné

En 399, Mélétos, du dème Pitthos, vint déposer une plainte au greffe de l'archonte-roi contre un citoyen bien connu des Athéniens et dont les manières étranges avaient déjà suscité la verve des poètes comiques. Socrate, alors âgé de soixante-dix ans, y était accusé de « corrompre les jeunes gens et de ne pas croire aux dieux auxquels croit la Cité et de leur substituer des divinités nouvelles »[1]. En plus de Mélétos, jeune poète sans grand renom, semble-t-il, la plainte était signée de l'orateur Lycon et d'Anytos, « industriel » aisé et membre influent de la fraction modérée du parti démocratique. Après une rapide instruction, l'affaire vint devant un tribunal formé de quelque cinq cents juges, tirés au sort parmi les citoyens de plus de trente ans.

Comme le prescrivait la coutume, la parole revint au demandeur, Mélétos, puis aux deux co-accusateurs, Anytos et Lycon. Nous ne savons point comment ils soutinrent leur plainte. Il est probable que le rôle prin-

1. Platon, *Apol. de Socrate*, 24 *b* (sauf indication spéciale, nous citons, dans la traduction L. Robin, Platon, *Œuvres complètes*, 2 tomes, N. R. F., Bibliothèque de la Pléiade).

cipal fut assumé par Anytos, qui était écouté du peuple.
Celui-ci fit sans doute tous ses efforts pour persuader le
tribunal de la gravité de l'accusation portée. En réclamant la peine de mort, en insistant sur le fait que, devant
la lourdeur des fautes commises, il n'y avait d'autre
alternative que le châtiment suprême et l'acquittement,
et en montrant que l'acquittement constituerait un
encouragement pour Socrate et pour ses pareils, destructeurs de la tradition la plus sacrée, bref en jouant
le tout ou rien, Anytos fit du procès une affaire de portée
générale, une affaire politique.

La défense de Socrate — aussi bien dans la version
donnée par Platon que dans celle rapportée par Xénophon — étonne par son absence d'apparat, sa simplicité,
sa bonhomie. Les « apologies » étaient, d'habitude, l'occasion pour l'accusé, usant de tous les artifices de la
rhétorique, de se faire valoir, d'émouvoir les juges, de
les flatter. Socrate s'en tient strictement aux faits et
s'adresse au tribunal sur le ton de la conversation,
comme il a coutume de le faire sur l'*agora* ou à la palestre ;
au cours de sa première intervention, il va même jusqu'à
bavarder avec Mélétos, le questionnant ironiquement
comme s'il s'agissait d'un échange de vue familier. Il
n'a pas cru bon, d'ailleurs, de préparer sa défense :
Hermogène lui ayant demandé où en était la rédaction
de son apologie, Socrate lui répond qu'« il s'en était occupé
toute sa vie... en s'appliquant à considérer ce qui est
juste ou injuste, à pratiquer la justice, à fuir l'iniquité » [1].

En fait, Socrate se contente précisément de raconter
ce qu'a été sa vie et explique pourquoi sa conduite ne

1. Xénophon, *Les Mémorables*, IV, 8.

pouvait manquer de susciter des critiques violentes et en quoi celles-ci sont illégitimes. L'accusation présente n'aurait pas été possible, montre-t-il d'abord, si depuis bien longtemps d'autres accusateurs n'avaient pas trompé les Athéniens en leur présentant de lui une image fausse. Par jalousie, par méchanceté, ces gens — et, parmi eux, le premier rôle revient incontestablement à Aristophane — ont insinué des calomnies : ils ont, d'une part, accrédité la notion d'un Socrate, physicien-charlatan, « travaillant témérairement à scruter les choses qui sont sous la terre, comme celles qui sont dans le ciel »[1] et, par conséquent, ennemi de la tradition religieuse ; ils ont, d'autre part, fait accroire au peuple qu'il était un de ces « maître à penser et à parler » qui enseignent aux jeunes gens, contre une importante rétribution, à « faire prévaloir » — devant les tribunaux ou à l'Assemblée — « la mauvaise cause »[2].

Or, qu'en est-il, en vérité ? Certes, la réputation de Socrate est fondée. « Si en effet, Athéniens, on m'appelle comme on m'appelle, il n'y a à cela nulle autre raison que l'existence chez moi d'une certaine sagesse (*sophia*) »[3]. Mais cette sagesse n'a rien à voir avec celle de ces penseurs qui prétendent à « une sagesse plus haute » : c'est une « sagesse d'homme », une « sagesse à la mesure de l'homme », qui ne se préoccupe nullement de scruter les mystères de la nature. Chacun peut en témoigner. Comme chacun, d'ailleurs, peut porter témoignage du fait que, contrairement aux Sophistes, Socrate ne s'est jamais fait payer pour les

1. *Apol. de Socrate*, 19 b.
2. *Ibid.*
3. *Ibid*,. 20 d.

leçons qu'au gré des rencontres il a données à ceux qui
voulaient bien les entendre. Il est vrai que la tâche des
calomniateurs a été grandement favorisée par le caractère original, surprenant de l' « enseignement » socratique. De cela, il faut que Socrate s'explique : un jour
Chéréphon, citoyen dont la vertu est bien connue, inter-
rogea le dieu de Delphes sur le compte de son ami
Socrate, et l'oracle répondit qu'il n'existait personne de
plus sage. La surprise de Socrate fut grande : « Une fois
informé de cette réponse, je me faisais des réflexions de
ce genre : " Que peut bien vouloir dire le dieu ? Quel sens
peut bien avoir cette énigme ? Car enfin, je n'ai, ni peu
ni prou, conscience en mon for intérieur d'être un sage !
Que veut-il donc dire en déclarant que je suis le plus
sage des hommes ? Bien sûr, en effet, il ne ment pas,
car cela ne lui est pas permis ! " .[1] »

Socrate se résolut donc à confronter la sagesse que
la Pythie lui attribuait à celle de ces concitoyens qui
se tenaient eux-mêmes pour sages et qui, d'ailleurs,
étaient reconnus comme tels par la grande majorité.
Il alla d'abord voir un homme politique célèbre — il
s'agit, bien évidemment, d'Anytos lui-même : or, à
l'issue de la conversation, il ne fut pas peu étonné d'avoir
à se faire ces réflexions : « Voilà un homme qui est moins
sage que moi. Il est possible, en effet, que nous ne sachions, ni l'un ni l'autre, rien de beau ni de bon. Mais
lui, il croit qu'il en sait, alors qu'il n'en sait pas, tandis
que moi, tout de même que, en fait, je ne sais pas, pas
davantage je ne crois que je sais ! J'ai l'air, en tout cas,
d'être plus sage que celui-là, au moins sur un petit point,

1. *Ibid.*, 21 *b.*

celui-ci précisément : que ce que je ne savais pas, je ne croyais pas non plus le savoir ! » [1].

L'enquête que Socrate mena auprès des poètes eut le même résultat : il lui fallut reconnaître que « ce n'est pas en vertu d'une sagesse qu'ils composent ce qu'ils composent, mais en vertu de quelque instinct et lorsqu'ils sont possédés d'un dieu, à la façon de ceux qui font des prophéties ou de ceux qui rendent des oracles ; car ce sont là des gens qui disent beaucoup de belles choses, mais qui n'ont aucune connaissance précise sur les choses qu'ils disent » [2]. Quant aux gens de métier, troisième catégorie de citoyens auprès de qui Socrate s'enquit, il s'aperçut que ceux-là « connaissaient... des choses qu'il ne connaissait point et que, sous ce rapport, ils étaient plus sages que lui » [3] ; mais leur erreur est d'un autre ordre : ils croient, parce qu'ils exercent leur art à la perfection, que, du coup, ils possèdent la sagesse complète, achevée et qu'ils peuvent trancher de tous les problèmes et même « pour les choses qui ont le plus d'importance » [4].

Et voici dévoilée la raison de la haine que la conduite de Socrate a suscitée : en examinant ainsi les gens, en montrant à ceux qui assistent à ces entretiens que ces gens qui croient ou prétendent être possesseurs d'un savoir ne savent rien qui vaille, en mettant ainsi en évidence la supercherie des « spécialistes » — politiciens, orateurs, poètes, techniciens — Socrate se fait des ennemis et des ennemis puissants, puisque ce sont là

1. *Ibid.*, 21 d.
2. *Ibid.*, 22 c.
3. *Ibid.*, 22 d.
4. *Ibid.*

précisément des hommes qui ont barre sur l'opinion
publique et dirigent la Cité. A ces hommes, il se rend
d'autant plus odieux que la jeunesse cultivée s'est atta-
chée spontanément à lui et commence à l'imiter. Il ne
faut donc point être surpris qu'hier ils se soient faits
calomniateurs et qu'aujourd'hui ils soient accusateurs.
Car, de toute évidence, Mélétos a engagé ce procès pour
le compte des poètes, Lycon pour celui des orateurs,
Anytos pour celui des hommes de métier et des politiques, ces catégories « professionnelles » étant le plus
directement menacées par la dénonciation socratique.

Quant aux chefs d'accusation mêmes, ils ne reposent
sur aucun fondement sérieux. Pourquoi Socrate aurait-
il pris la décision de pervertir les jeunes gens alors qu'il
courait ainsi le risque de subir des dommages de ceux
là mêmes qu'il aurait démoralisés ? L'imputation d'a-
théisme n'a pas une meilleure justification : il serait
bien étonnant, en effet, que la jeunesse s'attachât à
un homme qui, selon Mélétos, se fait fort de démontrer
que le Soleil et la Lune sont, non point des divinités,
mais des pierres, alors que c'est là une vieille doctrine,
connue de tous, et dont chacun peut apprécier les arguments en consultant les ouvrages d'Anaxagore de
Clazomènes. Finalement, il faut bien se rendre à cette
alternative qui est celle de la vérité : ou bien Socrate
est un sot et un inconscient, auquel cas le procès qui
lui est intenté est dénué de sens, ou bien il possède une
sagesse réelle et alors les reproches qui lui sont faits
sont dérisoires et ne peuvent être étayés par aucun
témoignage sérieux.

Ce qu'on ne comprend pas — et c'est cette incompré-
hension qu'utilisent les accusateurs, les anciens et les

nouveaux — c'est que Socrate est investi d'une mission divine, ainsi que l'attestent les déclarations de la Pythie et les conseils non déguisés que donne au fils de Sophronisque son démon familier. Socrate se conduit d'une manière étrange : lui, à qui chacun reconnaît des dons exceptionnels, n'utilise pas ses talents pour faire carrière d'enseignant ni pour s'imposer politiquement. A-t-il jamais retiré quelque profit personnel du don de parole et d'interrogation dont on admet, en lui intentant un procès, la puissance convaincante ? Il vit pauvrement ; il a fait son devoir de citoyen lorsqu'il convenait, guerrier valeureux lorsque les circonstances l'imposaient, respectueux des lois au point de s'opposer, au péril de sa vie, aux ordres injustes des tyrans. Mais il n'a pas cru bon de s'imposer dans ce domaine, qui est accessoire. Il s'est contenté d'y faire — même dangereusement — son devoir : car sa tâche est plus haute. Elle est analogue à celle d'un taon, « attaché par le dieu au flanc de la Cité, comme au flanc d'un cheval puissant et de bonne race, mais auquel sa puissance même donne trop de lourdeur et qui a besoin d'être réveillé par une manière de taon »[1].

En des termes plus modernes, Socrate tente d'expliquer à ses juges que la mission dont il se sent investi n'est pas précisément politique ni pédagogique, qu'elle est, certes, ceci et cela, mais qu'elle est, plus profondément, morale ou, mieux, philosophique. Il ne veut ni constituer un parti, ni enseigner, ni former des disciples, encore moins commander, en quelque manière que ce soit : « Jamais je n'ai été, moi, le maître de per-

1. *Ibid.*, 30 *e.*

sonne. Mais, s'il y a quelqu'un qui ait envie de m'écouter quand je parle et quand j'accomplis la tâche qui est la mienne, qu'il soit jeune, qu'il soit vieux, jamais je ne lui ai refusé »[1]. Il cherche seulement à éveiller, à faire apparaître les faux-semblants, à mettre en lumière le caractère illusoire des valeurs sur lesquelles la plupart fondent leur conduite. En interrogeant, en ne respectant aucun privilège social, en accordant au discours contestant la puissance incontestable, il dénonce ironiquement ceux qui s'instituent juges de tout droit et de toute vertu et qui s'arrogent le pouvoir de décision.

Lui-même ne se prévaut d'aucun savoir : au fond, il n'a rien à opposer à la tradition sur laquelle s'appuient ses accusateurs ; il n'a aucun *fait* à signaler pour sa défense, sinon le caractère modestement exemplaire de sa vie et les aberrations navrantes auxquelles ont conduit les idées dominantes à Athènes. Il invite seulement à *penser*, c'est-à-dire à mettre en question ce que chacun, dans l'aveuglement de la quotidienneté et de l'existence banale, tient pour juste. Il n'est rien d'autre que le négatif...

Le tribunal vota, comme il est normal, contre le négatif. Suivant Anytos, les juges déclarèrent Socrate coupable. Restait à délibérer de la peine. La coutume juridique voulait qu'à côté des accusateurs le condamné discutât lui-même du châtiment qu'il avait à encourir. Socrate est si convaincu qu'il n'est pas coupable qu'il paraît s'entêter dans ses « bravades ». Rejetant successivement, comme ne convenant nullement à son cas, l'emprisonnement (« quelle obligation ai-je

---

1. *Ibid.*, 33 *a*.

de vivre en prison, dans la servitude des magistrats qui sont périodiquement institués pour s'en occuper ? »[1]), l'amende (« je ne trouverai pas de quoi la payer »[2]), le bannissement (« quelle belle existence ce serait pour moi, à mon âge, de partir pour l'exil en changeant toujours de résidence, une ville après l'autre, expulsé de toutes! »[3]), écartant l'idée qu'il puisse s'amender (ce serait là désobéir au dieu et, « pour cette raison, il m'est impossible de me tenir tranquille »), il ne voit qu'une solution : « Quel traitement sied à un homme pauvre, lequel est un bienfaiteur.. ? Il n'y en a pas, Athéniens, qui sied autant que de nourrir un pareil homme, aux frais de l'État, dans le Prytanée, à bien meilleur titre que tel d'entre vous qui a été vainqueur aux Jeux Olympiques dans la course de chevaux ou dans les courses de chars, attelés à deux ou bien à quatre »[4].

La provocation, l'ironie étaient telles que les juges suivirent, une nouvelle fois, la thèse de l'accusation : Socrate fut condamné à mort. La Ville décidait, après délibération, d'assassiner son philosophe.

Socrate fut conduit en prison. La loi voulait qu'il s'administrât lui-même le poison mortel. Cependant, pour des raisons religieuses, l'exécution de la sentence fut retardée. La veille du jour où elle devait avoir lieu, Criton, mandaté par les fidèles du Maître, vint trouver le condamné et lui proposa de s'évader. Il n'était pas rare à Athènes que la peine de mort fût ainsi commuée, implicitement et avec une sorte de complicité des ma-

1. *Ibid.*, 37 *c.*
2. *Ibid.*
3. *Ibid.*, 37 *d.*
4. *Ibid.*, 36 *d.*

gistrats, en bannissement. Or, Socrate, malgré l'argumentation de Criton, malgré ses exhortations, refusa. Que signifierait, en effet, cette fuite ? Le philosophe explique à son ami — c'est ce que nous rapporte Platon dans le *Criton* — que, s'il consentait à se soustraire à la peine qui lui a été infligée, il violerait cela même qui a été le principe de sa vie : ne jamais « commettre l'injustice, ni répondre par l'injustice à l'injustice, ni, pour un mauvais traitement dont on est victime, rendre un pareil mauvais traitement [1] ». Il y a plus grave : en fuyant, il ferait ce que nul bon esprit ne doit accepter de faire : se contredire. En vivant à Athènes, Socrate a pris une espèce d' « engagement civique » : celui de respecter les lois. N'avait-il pas le loisir d'habiter une autre cité, en Crète ou à Lacédémone ? N'a-t-il pas profité de la protection que lui accordait la législation de la Ville ? N'est-ce point cette Ville qui l'a élevé, qui lui a permis d'atteindre un âge avancé ? Et maintenant, sous le prétexte fallacieux que les lois sont injustement appliquées, Socrate consentirait à les transgresser, alors qu'il leur doit tout ! S'il refusait l'exécution de la sentence, non seulement il donnerait raison à ses juges, mais il mènerait désormais une existence vide de sens, celle d'un exilé travaillant à perdre et sa propre Cité et l'idée même de la justice. Car si le jugement *de fait* est injuste, il renvoie, malgré tout, à un droit, en tant que tel, imprescriptible. Il faut que Socrate meure.

Entouré de ses amis, après avoir discuté avec eux de la mort et de l'immortalité, il but le poison, exhortant

1. *Criton*, 49 d.

ses disciples à la fermeté et appelant les dieux à favoriser
« son changement de résidence, d'ici là-bas » [1]. « Voilà...
quelle fut la fin de notre ami, de l'homme dont volontiers
nous dirions nous autres que, entre ceux de ce temps
que nous avons pu éprouver, il a été le meilleur et, en
outre, le plus sage » [2].

La vie de Socrate, son procès, sa condamnation, sa
mort eurent pour Platon, en dehors du choc affectif
qu'il provoquèrent, une valeur de symbole. La condamnation, en particulier, constitua l'*événement* à partir de
quoi s'imposa, à ses yeux, comme nécessaire la *décision
de philosopher*. Or, l' « affaire Socrate » en tant qu'événement historique ne peut être comprise dans sa signification profonde que rapportée au devenir même de
la démocratie athénienne et de la Grèce en ce ve siècle, si
foisonnant de nouveautés et d'inventions. Dès lors, il
ne paraît pas possible, du même coup, de saisir le sens
du platonisme (et, par conséquent, de la philosophie)
sans rappeler dans quelles conditions effectives s'est
développée la Ville de Pallas, engagée dans le drame
d'une Grèce à la recherche de l'unité et de la paix, mais
prise dans des conflits, au fil des ans, toujours plus nombreux et violents. Car l'acte de philosopher apparaît
bien comme une *réponse*, la réponse à une situation historique intenable, celle où triomphent, dérisoirement
et dans le désordre, l'ignorance, le mensonge, l'injustice,
la violence.

C'est pourquoi il importe que nous revenions briè-
vement sur l'histoire d'Athènes au ve siècle, quitte à

1. *Phédon*, 117 c.
2. *Ibid*, 118 a.

préciser, dans la suite, ce que les événements du siècle suivant, au cours duquel Platon élabora son œuvre, apportèrent à sa doctrine. On a souligné dans l'*Introduction* le caractère exemplaire du destin de la Cité attique. Après des luttes sanglantes mettant aux prises les familles nobles propriétaires de la majorité des terres, les paysans pauvres, le petit peuple de la ville et de la côte vivant de la pêche, du commerce, de l'artisanat, sous l'impulsion de réformateurs, à la fois arbitres, juges et législateurs comme Dracon, Solon, Clisthène et Éphialte, Athènes parvint à définir un régime original : la démocratie.

La démocratie, étymologiquement, c'est — par opposition à l'aristocratie qui laisse la décision aux nobles, aux riches, aux initiés, bref, aux « meilleurs » — le pouvoir du *démos*, du peuple, des petites gens. Cependant, en Attique, elle signifie bientôt, plus simplement et plus généralement, que la direction des affaires publiques est l'affaire de chacun des citoyens, qu'il soit riche ou pauvre, qu'il soit « né ou non », que tous sont désormais égaux devant la loi et que le contrôle de la société, à tous les niveaux, n'est plus l'apanage d'aucun privilégié. Certes, cette idée d'égalité entre les citoyens n'est pas nouvelle : à Sparte, cité aristocratique s'il en fut, les citoyens, précisément, se nomment les « Égaux » ; mais, par rapport à l'ensemble des habitants, leur nombre est extrêmement restreint. A Athènes, lorsque triomphent les dernières réformes d'Éphialte et de Périclès, la victoire de la démocratie veut dire que maintenant sont considérés comme citoyens « à part entière », aptes à être « législateurs et sujets », *tous* les habitants mâles de l'Attique, nés de parents athéniens, normalement

inscrits sur les registres municipaux et ayant satisfait
à leurs obligations militaires (ce qui représente — notons-le pour éviter toute assimilation anachronique avec
les démocraties modernes — à peu près trente à quarante mille personnes sur une population qui compte
environ, étant donné la présence des « métèques » —
étrangers résidents et protégés — et des esclaves, quatre
cent mille âmes).

Ainsi la démocratie peut n'apparaître que comme
une généralisation d'un principe qui gouvernait déjà
l'aristocratie. Cependant, cette extension, ce changement quantitatif, entraîne une mutation qualitative
profonde. Comme nous le remarquions déjà à la suite
de J.-P. Vernant [1], le fait que le pouvoir soit « au milieu »,
c'est-à-dire à la portée de tous, modifie fondamentalement la conscience civique et introduit une civilisation
et des rapports humains d'un type nouveau. C'est
sans doute Clisthène qui, à la fin du vi⁰ siècle, a pris les
décisions les plus importantes à cet égard [2] : significatives, en particulier, sont les dispositions qu'il fit adopter pour assurer « la fusion du peuple » [3]. Afin de déman-
teler ces bastions de la tradition que constituaient les
familles et les vieilles tribus, il opéra une véritable re-
fonte de l'espace social. Le territoire de l'Attique fut
divisé en cent municipalités ; et celles-ci furent répar-
ties en dix tribus, tribus définies non par le lien du
sang, mais topographiquement. Et pour éviter même
qu'aux intérêts familiaux particuliers se substituât le

1. *Les Origines de la pensée grecque*, Paris, 1962.
2. Cf. P. Vidal-Naquet et P. Lévêque, *Clisthène l'Athénien*, Paris,
1964.
3. Aristote, *Constitution d'Athènes*, XXI, 3.

particularisme d'intérêts locaux, également nuisibles à
l'État, chacune des dix tribus se vit affecter des municipalités appartenant aux trois régions géographiques
de l'Attique : la côte, la montagne, la plaine. Ainsi l'ordre ancien, fondé sur le sang ou sur la communauté professionnelle, fut remplacé par une organisation administrative qui libérait l'individu des entraves familiales
et lui permettait de participer comme tel à la vie de la
cité.

On sait que, dans l'Athènes classique, la souveraineté
est exercée par le peuple assemblé au sein de l'*Ecclésia*. Lorsque Périclès eut retiré la totalité de ses pou-
voirs politiques au vieux collège de l'Aréopage, dernier
rempart de l' « ancien régime », l' « Assemblée principale » régna toute-puissante. Selon la loi, elle se réunit
au moins quatre fois par *prytanies*, c'est-à-dire au moins
quarante fois l'an. Elle traite de toutes les affaires publiques et des affaires privées qui intéressent la collectivité. Y participent, y déposent des propositions de
lois, y prennent la parole tous les citoyens qui le désirent. Elle a pour charge non seulement de prendre des
décrets et d'aménager ce que nous appelons le « légis-
latif », mais encore de désigner les magistrats, de contrôler leur gestion, de veiller à l'approvisionnement et
à la défense du pays, de diriger l'activité diplomatique,
de décider de la paix et de la guerre, de choisir ceux des
citoyens qui conduiront les armées. Les décisions sont
prises à la majorité après que chacune des parties a pu
faire valoir librement ses arguments. Dans l'intervalle
de ses sessions, les affaires courantes, les problèmes urgents sont réglés par la *Boulè*, le Conseil, un organisme
de cinq cents membres tirés au sort à raison de cinquante

par tribu et qui est comme l'image restreinte de l'Assemblée populaire. Le Conseil a aussi pour mission de préparer les réunions de l'*Ecclésia* et de délibérer, pour avis préalable, sur l'ordre du jour de cette dernière. Les Athéniens sont si soucieux de ne pas laisser un individu s'accaparer du pouvoir et s'imposer comme tyran que le bureau du Conseil n'est pas lui-même permanent et que les représentants de chaque tribu y règnent à tour de rôle pendant un dixième de l'année et que le président de ce bureau — *le prytane épistate* — qui est, en quelque sorte, le premier personnage de l'État, est désigné chaque jour par le sort et n'est point renouvelable.

C'est la même préoccupation qui guide la constitution athénienne lorsqu'il s'agit de choisir les magistrats. Bon nombre d'entre eux sont tirés au sort. Sont élus ceux dont les fonctions exigent une certaine capacité technique (tels, par exemple, les *architectes* de la marine) ou qui jouent un rôle politique déterminant (comme les *stratèges*, les chefs de l'armée). Mais, en général, les précautions sont prises, là aussi, pour qu'un individu ne puisse s'emparer d'une fonction : de nombreuses magistratures sont collégiales (il y a ainsi dix trésoriers d'Athéna — un par tribu —, dix *stratèges*) ; la plupart des magistrats ne sont pas rééligibles (les stratèges font exception) ou ne peuvent être deux fois désignés par la fève ; et tous, à leur sortie de charge, sont soumis à un contrôle rigoureux de la part du Conseil et de l'Assemblée et risquent d'être cités devant les juges pour gestion défectueuse ou malhonnête.

Les mêmes principes guident encore le pouvoir judiciaire : en dehors des juridictions traditionnelles qui subsistent mais dont les compétences ont été considé-

rablement restreintes, le grand tribunal, devant lequel
se plaident aussi bien les affaires publiques que les causes
privées, est celui de l'*Héliée*. Tout citoyen âgé de plus
de trente ans et en règle avec la loi peut déposer sa can-
didature d'*héliaste* : chaque année, six mille juges sont
tirés au sort parmi ces candidats et se groupent en tribunaux, plus ou moins étendus selon l'importance du procès, qui décident à la majorité et sans appel après que
demandeurs et défendeurs ont exposé leurs arguments.

Un tel régime, qui autorise *en droit* la participation
de tous les citoyens, l'appelle *en fait*. L'ordre politique
dont nous venons d'esquisser le schéma implique une
organisation économico-sociale : à ce niveau, démocratie signifie moins égalité des charges que contrainte à
laquelle chacun est soumis de participer à la défense et
à la gloire de la ville en fonction de ses revenus et de
ses capacités. La victoire du *démos*, c'est alors l'obligation pour les riches — sous la forme de *liturgies* ou d'im-
pôts spéciaux — d'équiper la marine, de fournir la cava-
lerie, d'embellir la Cité, d'organiser des jeux et des représentations théâtrales et ainsi de faire accepter leur richesse. Ainsi qu'on le verra, l'Athènes démocratique
se trouve engagée dans des aventures militaires qui constituent un fardeau de plus en plus lourd : ce sont les
riches qui en font les frais et le *démos* qui finalement en
tire le bénéfice...

Mais, précisément, le cadre politique dans lequel se
développe la Cité de Socrate et de Platon étant briève-
ment défini, il est temps de rappeler, rapidement aussi,
les événements principaux qui scandèrent la vie du
Maître et la jeunesse du disciple. Au début de son *Histoire de la guerre du Péloponnèse*, Thucydide rapporte

d'une manière saisissante en fonction de quelles causes, de quelles raisons et de quelles motivations la démocratie athénienne fut entraînée à mener une politique expansionniste et bientôt impérialiste qui lui valut de susciter la peur et la haine des autres grandes cités et provoqua le grand conflit du dernier tiers du ve siècle.

Selon Thucydide, le processus s'engagea dès la fin des guerres médiques. Déjà, lorsque par deux fois, en 490 et en 480, les Perses jetèrent d'immenses troupes sur l'Europe pour conquérir la terre grecque et en faire une satrapie de l'empire du Grand Roi, la solidarité à laquelle furent contraints les Hellènes avait laissé poindre la rivalité entre Sparte et Athènes. Les barbares vaincus, celle-ci se fit de plus en plus claire. La ville sage, prudente et pieuse, qui se targuait d'une constitution éprouvée, qui était dotée d'une armée puissante et qui se posait en garante de l'ordre, n'avait pas toujours joué le rôle qu'on attendait d'elle : au cours de la seconde guerre, en particulier, elle avait délibérément sacrifié les Grecs du continent, avait ramené ses forces à l'abri des défenses de l'isthme et n'était repartie à l'attaque des Perses qu'après la victoire athénienne de Salamine. La Ville de Pallas, au contraire, avait tout risqué et, en courant les plus grands dangers pour se sauver de la sujétion, elle avait sauvé la Grèce tout entière.

Cet esprit d'entreprise ne se démentit pas après la victoire décisive de Platées, qui obligea les Perses à fuir vers le nord. Les Athéniens se mirent bientôt à la reconstruction de leur ville et de ses remparts et poursuivirent l'aménagement du port du Pirée, indiquant ainsi clairement le dessein qu'ils avaient de se tourner vers la mer pour assurer leur richesse et leur puissance. Bientôt,

d'ailleurs, l'occasion leur fut donnée d'amorcer plus concrètement la réalisation de leur projet. Le Grand Roi,
défait sur le continent, tenait encore sous sa domination
les Grecs des îles de la mer Égée et des cités du littoral
d'Asie mineure. Une flotte panhellénique, sous la direction du général spartiate Pausanias, fut envoyée pour
libérer les frères assujettis. Mais les Lacédémoniens n'a-
vaient guère de goût pour ce genre d'opération et, de
plus, il apparut bien vite que Pausanias cherchait plus
à servir ses intérêts personnels que la solidarité grecque.
Sparte rappela donc Pausanias et les Athéniens eurent
désormais les mains libres.

Ainsi fut instituée une ligue dont Athènes avait la
direction et qui avait pour objectif officiel de libérer
les Hellènes et de prévenir le retour offensif de Barbares.
Un conseil, qui devait se réunir annuellement, fixait la
contribution en espèces ou en nature que chaque cité,
en fonction de ses revenus, devait à l'armée confédérée.
Le trésor était déposé dans l'île de Délos, où se tenaient également les sessions du conseil. Au début, les
Athéniens assurèrent correctement leur fonction hégé-
monique, « qui s'exerçait sur des alliés autonomes et
invités à délibérer dans des réunions communes » [1].
Mais, peu à peu, la confédération se transforma en empire : contrairement aux conventions, Athènes refusa
aux cités le droit de sécession, elle pratiqua la politique
de l'adhésion forcée, elle détermina autoritairement le
montant du tribut, utilisant l'armée de la ligue pour
accomplir ses propres desseins. Thucydide analyse les
progrès de cette vocation impérialiste de la démocratie

---

1. Thucydide, *Histoire de la guerre du Péloponnèse*, I, XCVII, 1.

athénienne, de cette « enflure malsaine » que stigmatisera si vivement Platon. Dès lors, les conflits localisés entre Athènes et Sparte se multiplient. Malgré des difficultés renouvelées, en dépit de l'échec d'une expédition en Égypte et bien qu'une trêve ait été négociée, Athènes maintient sa politique agressive. Pendant un temps, elle feint de modérer ses ambitions et de reconnaître l'hégémonie de Sparte sur le continent, se réservant, quant à elle, l'empire de la mer et des îles.

Cependant — ainsi que le démontre Thucydide — le processus engagé ne peut être arrêté. L'Hellade, en fait, est à la croisée des chemins. D'un côté, Sparte, qui incarne la tradition, la rigueur, qui possède une constitution assurant une bonne stabilité politique et qui se défie systématiquement de toute innovation, une cité aristocratique reconnaissant le droit du sang, tournée essentiellement vers la terre et l'économie agricole, interdisant aux citoyens tout travail manuel et les astreignant à un entraînement militaire intensif, enfermée dans sa péninsule, ayant chassé de ses murs poètes et artistes, réduisant les activités artisanales et commerciales au strict indispensable. De l'autre, Athènes, remuante, irascible, ambitieuse, portée par une foule pleine de vigueur et d'insouciance, ouverte à toutes les influences, accueillant volontiers les intellectuels pourvu qu'ils soient novateurs, tirant une bonne partie de ses revenus de son expansion commerciale et militaire, avide de puissance et de gloire... D'un côté, le passé maintenu dans le présent, l'anti-histoire ; de l'autre, le présent ouvert sur l'avenir, l'histoire.

Or, la Grèce *doit* sortir de la situation d'émiettement politique où elle est restée jusqu'alors. L'épreuve des

guerres médiques a montré quelle étroite solidarité de
fait unit tous les fils d'Hellen et quelle puissance ils
posséderaient si les centaines d'États qu'ils forment
acceptaient de s'unir. Mais sous quel principe, sous
quelle direction cette union peut-elle se réaliser ? Faut-
il, d'ailleurs, vouloir cette union ? Une véritable confédération est-elle possible et ne risque-t-elle pas de se
transformer en empire ? Le *statu quo* que Sparte désire
et qu'elle garantit n'est-il pas préférable ?

Ce *statu quo*, la démocratie athénienne ne peut ni ne
veut le maintenir. Emportée par son esprit d'entreprise,
elle soumet ses « alliés » à une autorité toujours plus
ferme et ne cesse d'accroître ses possessions. Elle se
sent sûre d'elle-même : depuis 446, elle s'est donné un
dirigeant qui, par sa prudence, la hauteur de ses vues,
sa personnalité, son intelligence politique, est parvenu
à unir autour du régime la très grande majorité des
citoyens. Périclès — réélu chaque année « général en
chef » —, c'est « la démocratie en confiance avec l'intelligence »[1]. Entouré de ses amis Damon, Anaxagore, Protagoras, l'architecte Hippodamos, le sculpteur Phidias,
l'historien Hérodote, le poète Sophocle, il conduit avec
sûreté la politique intérieure de la ville : la stabilité qu'il
assure donne confiance aux possédants, qui consentent
à sacrifier en *liturgies* une part de leurs biens pour sauvegarder l'essentiel ; il s'acquiert artisans et commer-
çants en favorisant le développement de leurs activités ;
il satisfait le petit peuple de la ville en lui distribuant —
sous forme de soldes militaires et de rémunérations pour
les charges civiques — une fraction importante du
« revenu national » ; et les campagnards apprécient son
sens de l'ordre et son honnêteté scrupuleuse.

1. Cf. A. Thibaudet, *La Campagne avec Thucydide.*

Dans cette description, nous suivons, il est vrai, l'interprétation de Thucydide. Platon, nous le verrons, est plus sévère et accuse celui que Hegel nommait « la lumière de la Grèce » d'avoir introduit, sous le nom de démocratie, les germes de la plus pernicieuse des démagogies. Ce qui paraît certain, en tout cas, c'est que, sous l'autorité de Périclès, le fonctionnement du régime se normalisa, que cessèrent à peu près complètement les luttes entre factions et que le « gouvernement d'un seul » exprima, pendant plus de quinze années, le dynamisme de toute une cité. Ce qui semble assuré aussi, c'est que cet aristocrate que la carrière politique avait conduit à la tête du peuple conçut avec une remarquable largeur de vue la vocation dominatrice d'Athènes. S'il défendit si vigoureusement l'empire, s'il consentit à exercer des violences excessives pour le maintenir, s'il accepta, à partir de 433, le risque d'un conflit ouvert avec Sparte, c'est non seulement parce qu'il savait que toute faiblesse serait dommageable à la Cité, mais aussi parce qu'il croyait le moment venu pour la Grèce de faire en avant un pas décisif et d'accepter une direction unique. Propagande ou signe de bonne foi ? En même temps qu'il contraignait par la force des cités « alliées » à demeurer dans la Ligue, il multipliait les initiatives pour cimenter l'unité des Grecs, témoin cette ville de Thourioï qu'il fonda, où il voulait que se réunissent, au sein d'une constitution démocratique, des colons venus de l'Hellade entière, sans distinction d'origine et sans autre métropole que la Grèce elle-même...

Force est de dire que l'audace raisonnée de Périclès, en se heurtant à la peur des Lacédémoniens, aboutit à un échec. Le conflit généralisé que les gouvernants athéniens souhaitaient, semble-t-il, éviter, éclate. En 431, poussée par ses alliés, obligée de répondre aux récents progrès de la Ligue, Sparte, malgré sa coutumière prudence, lança un ultimatum inacceptable. La « grande guerre » commençait, cette guerre du Péloponnèse que Thucydide a pris comme matériau d'une réflexion politique dont nous n'avons pas aujourd'hui épuisé tous les enseignements : «... les deux groupes étaient, en l'abordant, dans le plein épanouissement de toutes leurs forces... Ce fut bien la plus grande crise qui émut la Grèce et une fraction du monde barbare : elle gagna, pour ainsi dire, la majeure partie de l'humanité »[1].

« Cette guerre... se prolongea considérablement et comporta pour la Grèce des bouleversements comme on n'en vit jamais dans un égal laps de temps. Jamais il n'y eut tant de villes prises et dépeuplées, soit par des Barbares, soit dans des combats entre elles (il en est même qui, en tombant, changèrent d'habitants) ; jamais non plus tant d'exils et de massacres, soit liés à la guerre, soit dus aux luttes intérieures »[2].

On sait quelle fut l'issue de cette lutte : après vingt-sept années de violences, la Cité de Pallas fut vaincue. En 404, la flotte athénienne ayant été détruite au cours de l'embuscade d'Aigos-Potamos, l'amiralissime spartiate Lysandre fit son entrée au Pirée, une garnison lacédémonienne s'installa sur l'Acropole et on commença à abattre les remparts de la Ville. En fait, en ce quart de siècle, la démocratie gâcha ses chances de succès. En 429, deux ans après le début de la guerre,

---

1. *Ibid.*, I, ɪ, 1-2.
2. *Ibid.*, I, xxɪɪɪ, 1-2.

Périclès mourut : dans un discours que rapporte Thucydide, il avait défini les principes stratégiques et politiques auxquels devait se conformer Athènes pour remporter sûrement la victoire ; il lui fallait se garder de toute ambition excessive, ne pas songer à étendre l'empire tant que Sparte n'aurait pas été défaite, utiliser la domination navale de la Ligue attico-délienne pour user progressivement l'adversaire, maintenir fermement l'unité civique.

Or, il semble bien que les chefs démocrates, cédant à l'entraînement, se refusèrent à appliquer ce programme de prudence. Thucydide — pour mieux mettre en évidence le génie de son héros : Périclès — se plaît à décrire le développement de la politique athénienne tout au long du déroulement du conflit comme une dégénérescence s'accentuant d'année en année. Au chef lucide qui s'était mis sous le signe de l'entendement calculateur et qui, ainsi, avait su maintenir l'unité de l'État succèdent d'abord le démagogue Cléon, entreprenant mais irréfléchi, puis l'aventurier Alcibiade... Plus tard, ce sera Cléophon le bavard. Et, pour freiner l'action de ces hommes, il n'y a que des personnages falots, des modérés qui sont trop souvent des faibles, comme le vertueux Nicias ou l'habile Théramène.

Quoi qu'il en soit de ce jugement, il est de fait que l'équilibre admirable qui s'était réalisé pendant quelques décennies se défait bien vite après le déclenchement de la lutte. La supériorité de l'armée de terre spartiate contraint les Athéniens à abandonner à chaque printemps le territoire de l'Attique et à faire camper les paysans, dépouillés de leur terre, à l'abri des remparts. Les difficultés multiples que fait, par ailleurs, normalement surgir l'état de guerre permettent aux aristocrates, qui n'ont point désarmé et qui ont maintenu leurs *hétairies* (leurs associations secrètes), de reprendre leurs activités subversives. Quant au *démos*, soutien du régime, plutôt que de prévoir une stratégie à long terme qui assurerait un succès durable à la Cité, il préfère bientôt les avantages immédiats. L'héroïsme des hoplites et des marins dans les combats est admirable : mais la foule veut que les victoires rapportent, et à brève échéance, du butin, des soldes plus élevées, des avantages quotidiens...

Progressivement, la démocratie se corrompt. Plutôt que calculer les mesures qui abattraient sûrement Sparte, les dirigeants athéniens se soumettent aux passions populaires. Témoin cette terrible expédition de Sicile au cours de laquelle la confédération perdit la majeure partie de son potentiel militaire ; témoin plus significatif encore l'affaire des Arginuses : en infériorité numérique, grâce à l'habileté des *stratèges* et au courage des soldats, la marine athénienne vainc une flotte spartiate ; à la fin de l'engagement, la mer grossit et interdit aux vainqueurs de poursuivre les recherches pour recueillir les blessés et les corps des Athéniens tués. L'escadre étant de retour au Pirée, on se saisit des stratèges, que l'Assemblée populaire accuse d'incompétence, on les traîne devant le tribunal et on fait périr ceux d'entre eux qui n'avaient pas réussi à s'échapper... Quelques jours après, la foule comprend son erreur et réhabilite la mémoire de ceux qu'elle venait de condamner à mort !

Cette ambiance trop passionnée, le fait que les défenseurs du régime sont fréquemment en opération en des territoires lointains, la désunion qui s'introduit permet-

tent aux adversaires de la démocratie d'agir de plus en
plus efficacement. Après le désastre de Sicile, en 411, un
premier mouvement séditieux avait réussi à s'emparer
du pouvoir, à abolir la constitution de Clisthène et à
imposer la direction d'un organisme de quatre cents
citoyens chargé de mettre en place des institutions aristocratiques. Les démocrates avaient vigoureusement
réagi et avaient imposé la déchéance des Quatre Cents.
Plus grave encore la crise que provoqua l'occupation spartiate à Athènes. L'occasion était trop belle pour que les
antidémocrates ne la saisissent pas : profitant du fait
que les débris de la flotte et de l'armée athénienne ten-
tent de se rassembler en Égée après la défaite et la
capitulation, les groupements aristocratiques, dirigés,
en particulier, par deux proches de Platon, Critias et
Charmide, contraignent l'Assemblée populaire à remettre
la souveraineté à un conseil de trente citoyens. Ceux-ci
promettaient l'instauration d'un ordre nouveau : leur
comportement fut tel qu'on les nomma bientôt les
« Trente Tyrans ». Servant leurs intérêts et non ceux de
la Cité, s'appuyant sur l' « occupant », laissant une police
composée d'hommes de main agir à sa guise, ils s'alié-
nèrent le peuple tout entier. Et, lorsque les démocrates
regagnèrent Athènes, un simple combat suffit à les
balayer. Thrasybule et ses amis rétablirent la constitution démocratique...

Mais celle-ci sortait profondément ébranlée de toutes
ces épreuves. L'humiliation de la défaite, la conscience
des erreurs commises, l'idée qu'on s'était laissé aller à
la facilité, qu'on avait cédé trop aisément aux arguments
des beaux parleurs, toutes ces motivations concoururent
probablement à susciter chez les Athéniens une méfiance

généralisée à l'égard de tous les novateurs. Cette attitude, certes, n'était pas nouvelle. Au moment même où la démocratie est florissante, l'opinion publique craint les « intellectuels » qui mettent en question la tradition et posent des problèmes auxquels on n'est point accoutumé. Anaxagore, Protagoras sont accusés d'impiété et sont cités devant les tribunaux. Et lorsque Aristophane, dans *Les Nuées*, moque méchamment Socrate, intellectuel crasseux qui réunit dans son « pensoir » les mauvais sujets de la Ville, qui prétend avoir une vision abstraite de la réalité et s'élève dans une nacelle pour mieux contempler les astres, lorsqu'il appelle finalement les braves gens à se débarrasser par le feu de ces inutiles, il traduit, sans doute, un sentiment populaire bien vivace.

Après la défaite, la réaction traditionaliste est encore plus profonde : le peuple mêle, dans une même réprobation haineuse, les politiques qui n'ont point su l'éclairer, les discoureurs qui l'ont abusé et tous ces penseurs qui ont pensé dans le vide, puisque finalement on est à l'étiage... Socrate, qui n'a jamais ménagé ses critiques au régime, qui a passé sa vie à détruire les belles certitudes mensongères des Anytos, qui a essayé de réformer les Alcibiade, Socrate, antidémocrate, meurt démocratiquement de l'échec de la démocratie.

«... Je ne sais quelle malheureuse circonstance détermina quelques hommes influents à traduire devant un tribunal cet ami à moi dont je vous parlais, Socrate, en lançant contre lui la plus inique des accusations : celle qui de toutes s'appliquait le moins exactement à Socrate ! C'est en effet pour crime d'impiété que ceux-ci le traduisaient en justice ; les autres votèrent contre lui et

firent périr l'homme qui n'avait pas consenti à prendre
sa part d'une arrestation inique, celle d'un de leurs
amis, d'un homme qui était banni au moment où, ban-
nis, ils étaient eux-mêmes dans une situation difficile !
Tandis donc que je considérais ces faits et, aussi bien,
les hommes qui géraient les affaires de l'État, plus
j'approfondissais mon examen des lois et des règles
coutumières, plus aussi j'avançais en âge, d'autant plus
voyais-je croître la difficulté d'administrer comme il
faut les affaires de l'État. Il n'était, en effet, ni possible
de le faire sans le concours d'amis et d'associés en qui
on pût avoir confiance et qu'il n'était pas bien commode
de trouver autour de soi, puisque l'État n'était plus
administré de la façon qu'avaient pratiquée nos pères ;
ni possible, d'autre part, d'en acquérir de nouveaux avec
quelque facilité. En outre, il y avait, tant dans les lois
écrites que dans les règles de la coutume, une corruption dont l'étendue était si prodigieusement grande que
moi, qui avais commencé par être plein d'un immense
élan vers la participation aux affaires publiques, je finis
alors, en portant mes regards sur ces choses et en constat-
tant que tout allait absolument à vau-l'eau, par être
pris de vertige et par être incapable désormais de me
détacher de l'examen des moyens grâce auxquels pourrait bien se produire un jour une amélioration tant à
l'égard des susdites circonstances que, cela va de soi,
par rapport au régime politique en général. Mais, en-
revanche, je différais toujours le moment de l'action ;
et finalement, au sujet de tous les États existant à l'heure
actuelle, je me dis que tous, sans exception, ont un mauvais régime ; car tout ce qui concerne les lois s'y comporte
de façon quasi incurable, faute d'avoir été extraor-

dinairement bien préparé sous de favorables auspices ;
comme aussi force me fut de me dire, à l'éloge de la droite
philosophie, que c'est elle qui donne le moyen d'obser-
ver, d'une façon générale, en quoi consiste la justice
tant dans les affaires publiques que dans celles des particuliers. Or, les races humaines ne verront pas leurs maux
cesser avant que, ou bien ait accédé aux charges de l'État
la race de ceux qui pratiquent la philosophie droitement
et authentiquement, ou bien que, en vertu de quelque
dispensation divine, la philosophie soit réellement pratiquée par ceux qui ont le pouvoir dans les États » [1].

Tel est alors le jugement de Platon, ce jugement qui
est à l'origine de sa décision de se consacrer à la « droite
philosophie ». La droite philosophie ? Son projet est
désormais de la définir, de la pratiquer. Mais cette définition et cette pratique ne peuvent être que polémiques.
La philosophie s'oppose à cet état de fait qui a voulu
qu'Alcibiade devienne un aventurier. que Critias et
Charmide périssent, séditieux et déshonorés, dans un
combat dérisoire, que Socrate ait tort contre Anytos
et meure injustement. Elle veut être droite, elle veut
redresser. Car au ve siècle, dans ce monde démocratique
qui donne la primauté au discours, la pensée, en apparence, a été à l'œuvre : la sophistique, la rhétorique ont
été les expressions idéologiques de ce dynamisme intellectuel. Si l'on veut définir la philosophie comme *droite*,
il faut montrer que sophistique et rhétorique ne sont
que des gauchissements, des perversions de ce qui peut
et doit être légitimement demandé à l'esprit. La tâche de
démystification est d'autant plus urgente et importante

1. Platon, *Lettre VII*, 325 *a*-326 *b*.

que bien des braves gens qui viennent de condamner Socrate ont cru, en toute bonne foi, qu'il était, lui aussi, un sophiste.

Mais, au fait, que sont ce que nous venons de nommer les idéologies de la démocratie : sophistique et rhétorique ?

Essayons, autant que le manque de textes le permet, de restaurer l'attitude intellectuelle de ceux qu'on appelle *sophistes* en mettant entre parenthèses le jugement que Platon porte sur eux. Le sophiste, c'est d'abord un éducateur rétribué. Il prétend à un savoir encyclopédique et veut substituer à l'ancien mode de formation de la jeunesse une « culture » plus intellectuelle, visant à faire des citoyens et non plus, comme ceux des siècles précédents, des guerriers et des athlètes. Née en Sicile, la rhétorique-sophistique trouve son plein épanouissement à Athènes lorsque le régime populaire est consolidé. A l'Assemblée, devant les tribunaux, sur l'*agora*, la parole joue un rôle décisif, et l'individu qui sait faire des discours et provoquer la conviction chez ses auditeurs réussit plus aisément que celui qui compte sur sa naissance et ses vertus. La nécessité d'un savoir se fait sentir, qui porte aussi bien sur la technique du discours que sur les connaissances générales susceptibles d'éclairer une démonstration ou une réfutation. Devenu citoyen, l'individu recherche les moyens qui lui permettent de participer efficacement à la vie politique et fait bon accueil à ces gens au langage sonore qui parlent savamment de toutes choses. Les sophistes viennent ainsi occuper dans la Cité une place vide et y jouer un rôle capital : les

aristocrates le comprennent si bien que, pour reprendre
le rang que leur enlève la constitution populaire, ils
suivent en foule ces cours et que les jeunes, comme le
fils de Strepsiade dans *Les Nuées*, abandonnent l'équi-
tation pour se mettre à « penser ».

Aussi bien, ce qui importe dans la sophistique, c'est
moins le contenu de son enseignement que l'esprit
qui l'anime. La « théorie » des sophistes se réduisait,
semble-t-il, à fort peu de chose. Les deux formules
célèbres de Protagoras : « L'homme est la mesure de
toutes choses, de celles qui sont pour ce qu'elles sont,
de celles qui ne sont pas pour ce qu'elles ne sont pas »[1],
« des dieux, je ne puis dire ni qu'ils sont ni qu'ils ne sont
pas, ni de quelle nature ils sont. Beaucoup de choses em-
pêchent qu'on le sache : et l'obscurité de la question et
la brièveté de la vie humaine »[2] expriment bien sans
doute l'humanisme relativiste et sceptique qui était au
fond de leur attitude. Refusant toute transcendance,
toute « valeur » posée comme absolue, ils insistent sur
l'importance des techniques. Non seulement le « maître
à penser » se vante de posséder des connaissances encyclo-
pédiques, mais encore il déclare qu'il est lui-même un
technicien aux savoir-faire multiples (Hippias se pré-
sentait à ses auditeurs « ayant ouvré lui-même tout, sans
exception, ce qu'il avait sur le corps »[3]). Contrairement
à Platon, qui s'efforcera constamment de séparer le
savoir du savoir-faire et de marquer la vanité des arts,
le sophiste lie étroitement « polymathie » et « polytechnique » et se fait l'écho de cette culture nouvelle où

1. Platon, *Théétète*, 152 *a*.
2. *Ibid.*, 162 *d*.
3. Platon, *Hippias mineur*, 368 *b*.

l'artisanat prend une place de plus en plus grande. L'utilité pour l'homme apparaît la seule valeur acceptable, la seule sur laquelle on puisse raisonnablement s'appuyer...

Parmi les techniques, cependant, il en est une — insistons sur ce point — dont le rôle est singulier : la technique de la parole. Grâce à la rhétorique telle que l'entendent les sophistes, il est possible à l'individu de triompher dans un régime où la discusion et les discours sont les préliminaires obligés de toute décision politique et judiciaire. Aussi, cet art, qui apprend à persuader autrui et qui exige des connaissances si générales et si diverses, est-il tenu pour l'art suprême qui groupe en soi toutes les sciences particulières. Il est le moyen par lequel se réalise la « vertu politique »...

Cette « vertu politique », cette capacité de participer aux affaires publiques et de juger de ce qui est juste et injuste, les sophistes — pour autant qu'on puisse unifier leurs perspectives — pensent qu'elles appartiennent, au moins en puissance, à tous. C'est ce que montre le mythe fameux que Platon met dans la bouche de Protagoras [1]. Épiméthée, qui « n'était pas extrêmement avisé », a doté les animaux de défenses et d'avantages : mais les hommes restent démunis. Prométhée, afin de rétablir l'équilibre, dérobe à Héphaïstos et à Athéna le feu et les techniques du feu et les leur donne. Mais l'humanité reste la proie des bêtes sauvages, car l'individu isolé n'est pas capable de se défendre contre leurs attaques ; il essaie bien de s'unir aux autres hommes, mais la vie sociale est impossible, car la vertu, qui la rendrait supportable, n'existe pas. C'est alors que Zeus envoie

1. *Protagoras*, 320 c-322 d.

Hermès avec pour tâche de répartir le sentiment de l'honneur et de la justice « à tous indistinctement... Qu'ils soient tous au nombre de ceux qui participent à ces sentiments ! Il n'y aurait pas en effet de cités, si un petit nombre d'hommes, comme c'est par ailleurs le cas avec les disciplines spéciales, participaient à ces sentiments ».

La leçon d'une telle fable est claire. Selon Protagoras, alors qu'on ne saurait tenir un individu pour responsable de son inhabileté à un art particulier, on a pleinement le droit de lui reprocher son injustice. Ainsi se trouve validée la constitution populaire, qui suppose chacun apte à discuter des problèmes de gouvernement. Fondant en droit et le régime démocratique et le type de culture qui lui correspond, le sophiste déclare finalement : « Voilà donc comment c'est avec raison que tes concitoyens accueillent, sur la chose publique, les avis d'un forgeron ou d'un cordonnier, comment la moralité est, à leur jugement, quelque chose dont on s'équipe et qui s'enseigne »[1].

La « vertu politique » — qui est la vertu par excellence — est ainsi définie comme le savoir d'un homme qui est « capable d'administrer les affaires de la Cité et, ce faisant, d'assurer le bien de ses amis, le mal de ses ennemis, en se gardant soi-même de tout mal »[2]. En étant professeurs de « vertu politique », les sophistes pensent qu'ils rendent d'inestimables services aussi bien à l'individu qu'à la Cité. Chacun possède en soi des talents singuliers ; mais tous peuvent, « pour ce qui est des affaires de l'État, savoir comment y avoir le plus de puissance, et

1. *Ibid.*, 324 cd.
2. *Ménon*, 71 e (trad. A. Croiset et L. Bodin).

par l'action, et par la parole » [1]. Il suffit pour cela d'apprendre à parler, d'une part, et, d'autre part, d'assimiler un certain nombre de connaissances générales qui rendent apte à discuter de n'importe quel sujet. Il est parfaitement légitime, dans le régime démocratique, qu'on soit désireux de recevoir cette éducation qui rend capable de briguer les plus hautes charges et de devenir un chef. Le sort de la collectivité n'est pas disjoint de celui de l'individu : celui qui recherche les honneurs et la puissance ne fait qu'aller dans le sens de la civilisation nouvelle ; il y a là comme une préformation, dans le domaine politique, des thèmes qui animeront le libéralisme économique : que chacun recherche son intérêt selon ses capacités et ses connaissances, et la collectivité verra s'accroître son bien-être et sa puissance.

Une telle conception ne se justifie, il est vrai, que si se maintient l'équilibre entre l'individu et la Cité, et cela grâce à la puissance de la Cité même. La correspondance entre les fins de l'individu et celles de l'État peut se réaliser seulement si, finalement, l'individu trouve son intérêt dans le service de la collectivité. Pour peu que cette dernière soit désunie ou ébranlée, alors l'enseignement sophistique risque de devenir une source d'anarchie. C'est bien là d'ailleurs ce qui s'est produit historiquement, semble-t-il. La première génération des sophistes, dont les représentants les plus éminents sont Gorgias, Protagoras et Hippias, bien qu'elle suscite maintes oppositions, est finalement bien intégrée à la démocratie triomphante : elle a sa fonction dans la Cité et on reconnaît volontiers son utilité. Mais

1. *Protagoras*, 319 a.

lorsque viennent les difficultés, puis les revers, alors
on se prend à craindre les discours des sophistes et l'éducation qu'ils prodiguent ; on les tient pour responsables
des maux qui accablent l'État ; on les accuse d'immoralité et on considère leur scepticisme, leur originalité
comme une des causes, sinon comme la cause, des souffrances présentes. En niant l'existence de toute « valeur »
absolue, en professant un agnosticisme résolu en matière
religieuse, ces « intellectuels » n'ont-ils pas largement
contribué à démoraliser les citoyens ? A ces griefs il
faut ajouter une accusation plus grave. Alors que la
désunion s'introduit de plus en plus évidemment dans
la Cité, la sophistique elle-même s'infléchit. La seconde
génération des sophistes — avec des hommes comme
Antiphon, Critias, Polos, Thrasymaque — en vient à
professer un individualisme forcené qui bientôt va dres-
ser le citoyen contre l'État.

Le thème sur lequel elle fonde sa théorie « anarchiste »
et sa pratique antidémocratique — rappelons ici le rôle
joué par Critias lors de la tyrannie des Trente — est
celui de l'opposition de la *nature* et de la *loi*. Selon
ce même Critias, par exemple, l'état de nature est celui
de la sauvagerie et de la violence, chacun étant livré
à ses instincts et s'efforçant, au mépris de toutes règles,
de survivre. Mais il faut se défendre contre les bêtes
sauvages : alors les hommes décidèrent de s'imposer
un ordre et *inventèrent* les lois ; ils inventèrent aussi
les dieux afin d'instituer une sorte de « tribunal intérieur ». Toute sacralité, alors, disparaît : les lois, en particulier, n'ont d'autre sens que conventionnel. Rien
dans le ciel ni sur la terre ne les garantit ; leur fin réelle
est la seule utilité.

Antiphon développe clairement les conséquences de cette opération de désacralisation : il n'est d'autre justice que celle « qui consiste à ne transgresser aucune des règles légales admises par la Cité dont on fait partie »[1]. S'il faut respecter les principes juridiques, ce n'est point parce qu'ils possèdent quelque valeur, mais parce qu'en les enfreignant on risque un châtiment. Aussi est-il légitime, lorsqu'on peut agir sans rien craindre de ce côté, de suivre la nature. Ne vaut que ce que l'intérêt individuel commande et tout est question d'opportunité. Finalement, le fait est qu'on suit la nature, car « la nature est nécessité » : elle s'oppose à la loi comme le donné au construit, le nécessaire au contingent, le spontané au conventionnel, bref, le réel au fictif : « ... les fins vers lesquelles les lois dirigent les hommes n'ont pas plus d'affinité et de parenté avec la nature que celles dont elles les détournent : ce qui est de la nature, c'est le vivre et le mourir... »[2].

La contingence de la loi est attestée par la relativité des institutions, les faiblesses qu'elles laissent apparaître, les moyens multiples qui sont offerts de les transgresser, les interprétations contradictoires qu'on en peut donner. L'universalité des tendances naturelles fait contraste : tous les hommes désirent le plaisir, la puissance, la gloire ; tous désirent la vie. Pourquoi, dans ces conditions, accepter telles lois plutôt que telles autres ? Pourquoi, alors qu'on est soi-même un homme, se soumettre à des artifices qui viennent d'autres hommes ? Pourquoi ne pas s'ériger soi-même en législateur

1. *Fragments*, trad. Gernet, *Belles-Lettres*, p. 176.
2. *Ibid*, p. 177.

et promouvoir des règles favorables à son propre intérêt ? La voie est ouverte à toutes les tentatives de subversion qui peuvent permettre à un groupe ou à un individu de satisfaire les instincts de domination et de jouissance inhérents à la nature.

La sophistique, à l'origine, mettait l'accent sur le rôle de l'individu et soulignait l'importance décisive de son action profane ; elle en vient maintenant à faire de l'utilité individuelle le critère de toute vérité, de toute valeur, et met en question la légitimité à laquelle prétend la collectivité. Il est juste, selon la loi de nature, que l'État l'emporte lorsqu'il est le plus fort ; il est juste aussi, lorsqu'un individu est assez puissant pour enfreindre les règles établies et pour en édicter d'autres qui soient à son profit, qu'il suive son intérêt et refuse toute transcendance de la Cité.

L'entreprise de laïcisation de la justice dont la première étape avait été le passage de la *thémis* traditionnelle à la *dikè* — ce passage qu'illustre si admirablement Eschyle dans *Les Euménides* — trouve ici son achèvement ; mais elle aboutit à la dissolution de tout principe qui puisse assurer le maintien de la sagesse collective : subsistent le calcul personnel, une sagesse empirique et utilitaire. L'action de l'individu comme tel demeure seule et souveraine.

Ce gauchissement de la sophistique est concomitant du désordre qui s'introduit dans la démocratie athénienne. Et la reconnaissance cynique de la violence comme juge en dernier ressort trouve dans les brutalités de la guerre du Péloponnèse une navrante jus-

tification. Socrate avait tenté, négativement, pour
ainsi dire, de montrer à quelles conséquences désas-
treuses pour l'individu et pour le groupe conduit un
tel réalisme politique et idéologique. Il avait échoué,
victime d'une conjuration scandaleuse groupant ceux
qui essayaient de sauver et ceux qui s'acharnaient à
perdre la Cité. La tâche qu'il a entreprise et que sa
mort magnifie, il importe de la reprendre : plus que
jamais l'homme est malheureux, injuste et violent, plus
que jamais la passion compromet ce qu'il y a de divin
en lui. Mais pour accomplir cette tâche, pour la mener
à sa fin, quel est donc le chemin ? Celui de la philosophie, qu'il reste à inventer.

CHAPITRE DEUXIÈME

Ce que parler veut dire
(ce que veut dire parler)

La violence est partout triomphante. Les hommes souffrent et meurent dans des guerres absurdes. Ils laissent dominer en eux les passions, ces passions qui engendrent le désordre. Ils subissent l'injustice ; ils la commettent. Pour satisfaire leurs intérêts, s'ils sont rusés, s'ils ont des talents, ils mentent ; ils sont simplement des « braves gens », ils s'abandonnent à la bêtise. Et quels sont leurs modèles, à ces citoyens athéniens qui se prévalent si fort de leurs ancêtres, de leur culture, de leurs mérites ? Thémistocle ? Cimon ? Périclès ? Ils sont, dit-on, à l'origine de la gloire de la Ville et il est commun de vanter l'excellence de leurs actions. Et cependant, les preuves de leur incompétence sont manifestes. Ils n'ont rien su prévoir, et Périclès n'a même pas été capable d'éduquer ses propres enfants. Archélaos, tyran de Macédoine, esclave, fils d'esclave, qui conquit son pouvoir en accumulant parjures et crimes ? Autant penser que l'homme malade, gangrené, qui ne cesse de craindre les conséquences funestes de sa maladie, qui s'inquiète et se cache, est le plus heureux des hommes ! L'histoire de la Grèce durant tout le ve siècle le manifeste trop clairement : la violence —

c'est-à-dire, au fond, la politique telle qu'elle est effectivement pratiquée — ne saurait apporter de solution durable, car, dans la mesure où elle implique l'injustice, où elle *est* l'injustice, elle ne peut s'abolir et engendrer une situation telle que la satisfaction advienne.

Comment sortir du malheur ? Socrate a indiqué la voie lorsque, par ses interrogations, il contraignait ses concitoyens à révéler l'incertitude et l'incohérence de leurs conceptions. L'analyse dont il a si précisément défini les termes, il faut la mener plus avant...

L'injustice est une maladie de l'individu. L'individu l'exerce, c'est lui — qu'il soit agent ou patient — qui en souffre. Cependant, le désordre mortel qu'elle introduit, s'il est aisé d'en signaler les conséquences, il est difficile d'en déceler les causes et la signification : dans l'âme individuelle, l'injustice est inscrite en si petits caractères qu'on a peine à en déchiffrer le sens. Par contre, elle est manifeste dans l'organisation sociale : la Cité fait apparaître en majuscules l'irrationalité de l'existant. Le travers « moral » est à la fois l'indice, la conséquence et le fondement du mal « social » : et l'un et l'autre, comme nous le verrons, révèlent une dysharmonie plus profonde, celle qui est au creux de l'être même...

Platon ne sépare pas « morale » et « politique ». La pensée grecque classique, en général, ne disjoint pas, comme le fait l'esprit moderne inspiré par la vision du monde hébraïco-chrétienne, les problèmes que pose la conduite individuelle et ceux que soulève l'organisation socio-politique. Ce que nous nommons, aujourd'hui, le *sujet* est considéré par elle non comme une intériorité enfermée sur elle-même et qui a, par ailleurs, un destin historico-politique, mais comme un être, individuel certes, indissolublement lié cependant à son statut de citoyen et d'élément du *cosmos*. Elle établit une correspondance de structure entre l'ordre (ou le désordre) de l'âme, celui de la Cité et celui du monde. Et, finalement, c'est en fonction de ce dernier que les deux autres doivent s'organiser.

Dès lors, la première tâche pour qui veut, comme Platon, extirper l'injustice et libérer la partie divine de l'homme, c'est d'analyser les modalités propres, les niveaux et les formes du désordre le plus aisément lisible, le désordre politique. « ... Finalement, au sujet de tous les États existant à l'heure actuelle, je me dis que tous, sans exception, ont un mauvais régime »[1]. Dans *La République*, en particulier, le fondateur de l'Académie se livre à une description systématique et critique des trois régimes que connaît la Grèce : la démocratie, l'oligarchie, la tyrannie. A leur propos, on parle de « constitution » : ce sont plutôt des « néants d'organisation sociale... Ce sont, en effet, des gouvernements qui, précisément, ne sont nullement des organisations sociales, mais que toutes on appellerait bien plutôt, à très juste titre, des désorganisations factieuses : aucune d'elles ne comporte une autorité exercée de bon gré sur des gens qui l'acceptent de bon gré, mais une autorité qui, non sans quelque recours à la force dans tous les cas, s'exerce à son gré sur des gens qui la subissent de mauvais gré »[2].

1. *Lettre VII*, 326 a.
2. *Les Lois, VIII*, 832 bc.

Parmi ces régimes, c'est apparemment dans le démocratique qu'il fait le meilleur vivre, c'est lui qui semble le plus séduisant : « Pareil à un manteau que l'on a bariolé d'un bariolage de toutes couleurs, ce régime apparaît aussi comme le plus beau, en tant que bariolage fait de toutes sortes d'humeurs! Il est assurément probable... que, comme il en est des femmes et des enfants quand ils regardent les objets bariolés, ce régime sera par beaucoup jugé le plus beau »[1]. En fait, la démocratie ne possède pas une constitution, c'est un « bazar aux constitutions » où chacun choisit de se conduire comme il lui convient : « ... Dans cet État, il n'y a pour toi, fusses-tu capable de commander, nulle obligation de le faire, pas davantage, inversement, d'être commandé au cas que cela ne te plaise point, ni non plus de faire la guerre quand on est en guerre, pas davantage de vivre en paix quand y vivent les autres ; le fait, au rebours, quand une loi t'interdit d'être magistrat ou juge, d'être néanmoins, si à toi personnellement cela te va, magistrat ou juge »[2].

« La démocratie commence... d'exister... quand les pauvres, victorieux, mettent à mort certains du parti opposé, en bannissent d'autres, partagent à égalité, avec ce qui reste, gouvernement et emplois publics et que, généralement, c'est le sort qui y détermine les emplois »[3]. S'imposent en même temps le *désordre* et l'*immoralité* qui sont, selon Platon, les deux dimensions conjointes du mal démocratique. A leur source, il y a cette liberté dans l'égalité qui est excessive, aussi exces-

1. *La République, VIII*, 557 c.
2. *Ibid.*, 557 e.
3. *Ibid.*, 557 a.

sive que la tyrannie des Perses : « N'est-il pas fatal
que tout, dans un tel État, soit atteint par l'action de
la liberté,... fatal... qu'elle s'insinue secrètement au sein
des maisons particulières et que, finalement, elle fasse
prendre racine, jusque chez les bêtes, au refus de se
laisser commander ? »[1]. Sans doute y a-t-il un souverain
dans la démocratie : l'Assemblée populaire. Mais ce
souverain, l'expérience le montre, est incapable de commander selon la mesure, car il est *incompétent* : « ... Quand
nous nous réunissons pour l'Assemblée, je vois les
Athéniens, dans le cas où il y a besoin pour l'État de
projeter quelque entreprise d'architecture, appeler à
eux les architectes en consultation sur les questions
d'ordre architectural, et, dans le cas où il s'agit de
construction de navires, appeler les constructeurs de
navires ; et de même dans tous les cas où il s'agit,
pensent-ils, de choses qui, à leur avis, sont d'ordre
technique. Mais quand il y a besoin de délibérer sur
les affaires qui intéressent l'administration de l'État,
alors se lèvent, pour leur donner ses conseils sur ces
matières, aussi bien un charpentier, aussi bien un forgeron, un cordonnier, un négociant, un armateur, un
riche ou un pauvre, un noble ou un manant ; et il n'y
a personne pour taper sur les doigts de ces gens-là...
en leur reprochant, alors que nulle part ils ne l'ont
appris, qu'ils n'en ont pas non plus trouvé jamais de
maître, de prétendre ensuite donner des conseils »[2].
Incompétente, l'Assemblée est aussi inconstante —
témoin cette affaire des Arginuses que nous évoquions

1. *Ibid.*, 562 *e*.
2. *Protagoras*, 319 *b-d*.

dans les pages précédentes. Mais surtout, dans la mesure où elle est incapable d'élaborer une ligne politique stable, elle se laisse prendre pratiquement aux flatteries des démagogues qui sont comme des « frelons à aiguillon ». La contamination est double, d'ailleurs, et le mal ne cesse de s'aggraver. Les discoureurs, formés à l'école des rhéteurs et des sophistes, séduisent le peuple en lui passant tous ses caprices, s'emparent du pouvoir et font une politique qui n'a d'autre fin que de satisfaire leurs passions et leurs intérêts personnels. Et le peuple s'habitue à cette situation : lorsqu'un citoyen sage et honnête veut lui donner d'autres conseils, il fait du vacarme et refuse de l'écouter. Si bien que des jeunes hommes, bien doués, qui veulent faire carrière, sont contraints, quel que soit leur désintéressement premier, de jouer le jeu de la démagogie. Ils sont, à leur tour, contaminés ; le bon naturel qu'ils possédaient se perd et leurs talents servent à promouvoir l'injustice.

Lorsqu'il brosse un tel portrait, Platon pense évidemment à ses amis, à ses parents que les contradictions de la politique athénienne durant la seconde phase de la guerre du Péloponnèse ont conduits à des actions factieuses. Il songe à Alcibiade que la nature avait doué de multiples vertus — beauté, courage, intelligence, culture, talent oratoire, sens stratégique — et qui, par goût du pouvoir, en vint à trahir sa patrie et périt assassiné ; il songe aussi à Critias, meneur des Trente tyrans. Ainsi, le régime populaire crée un type d'homme perverti. « L'homme démocratique » n'accepte plus aucun ordre, aucune nécessité ; il laisse s'établir en lui des désirs multiples ; le caprice domine ; il appelle « distinction élégante » la démesure, « dignité d'homme

libre » le refus de se laisser commander, « grandes manières » le libertinage, « virilité » l'impudence. Il passe
« chacun de ses jours à complaire... au désir qui lui
échoit au passage : une fois, il s'enivre, et même en se
faisant jouer de la flûte, ou, inversement, il se met
un autre jour à l'eau et il se fait maigrir ; une autre
fois, il se livre aux exercices gymnastiques, mais il
lui arrive aussi de ne rien faire et de ne se soucier de
rien ; à un autre moment, il a l'air de se consacrer à
la philosophie ; maintes et maintes fois, ce sont les
affaires publiques qui l'occupent, et, quittant d'un bond
ses occupations de l'heure, il dit, il fait, ce qui d'aven-
ture lui vient à l'esprit : si, tantôt, il jalouse des hommes
de guerre, c'est de ce côté qu'il se porte, ou, si ce sont
des hommes d'affaires, c'est au contraire de ce côté-là ;
l'absence de discipline, l'absence de contrainte, voilà
ce qui préside à sa vie, mais, qualifiant cette vie d'agréable, de libre, de bienheureuse, c'est celle qu'il mène
du commencement à la fin » [1].

Mais, objectera-t-on, quels que soient ses travers, la
démocratie s'est donné des chefs prestigieux ; elle a
su conquérir un empire. Les chefs ? Les mérites qu'on
accorde aux Thémistocle, Miltiade, Cimon, Périclès sont
sans aucun doute usurpés, et les louanges qu'on leur
décerne participent de la propagande que diffusent leurs
imitateurs maladroits. Peut-on, d'ailleurs, se féliciter
sérieusement du fait que Périclès ait habitué les Athéniens à la paresse en instituant la règle selon laquelle
les charges publiques devaient être rétribuées ? Mais
admettons que ces dirigeants politiques aient pris quel-

1. *La République, VIII,* 561 *cd.*

quefois des décisions justes : leur inconstance, leurs incertitudes, leur incapacité à prévoir à longue échéance prouvent assez que, s'ils l'ont fait, c'est, *au fond*, par hasard. On les dit politiques : ils ont agi comme les faiseurs d'oracles ou les poètes à qui il arrive, quelquefois, par la grâce d'une intervention divine, de deviner ce qu'il faut dire ou faire.

L'Empire et les richesses qu'Athènes a accumulées ? Les possessions sont à l'origine des malheurs de la Ville. Non seulement elles démoralisent les citoyens, mais encore elles provoquent immanquablement des conflits : « car c'est à cause de la possession des richesses que se produisent toutes les guerres » [1]. Platon critique avec une extrême vigueur l'impérialisme athénien : « C'est... indépendamment de toute sagesse et de toute justice que de ports, d'arsenaux, de murs, de tributs, et d'autres pareilles balivernes, ils [*les chefs démocrates*] ont gorgé la Cité » [2]. En se comportant ainsi, « n'en viennent-ils pas à se faire détester par nombre de peuples puissants, et ainsi, ou bien à ruiner complètement leur propre patrie, ou bien encore à en faire l'esclave de ses ennemis et à la placer sous leur main ? » [3].

A la vérité — ainsi que nous le verrons en analysant les institutions de la Cité juste — l'erreur du régime démocratique est de confondre l'égalité arithmétique et l'égalité géométrique. La seconde introduit une hiérarchie et confère la supériorité à ce qui est effective-

---

1. *Phédon*, 66 *c*.
2. *Gorgias*, 519 *a*.
3. *Le Politique*, 308 *a*.

ment supérieur ; la première distribue « aux égaux aussi
bien qu'aux inégaux une manière d'égalité »[1]. Une
semblable constitution, qui laisse s'épanouir librement
l'insatiabilité humaine, ne saurait rester stable : née
d'une spoliation, elle s'achève par une spoliation. Le
processus de dégénérescence est clair : les riches sont
constamment dépouillés de leurs biens qu'on distribue
au petit peuple ; ils sont contraints de se défendre
« par la parole dans l'Assemblée du peuple ou par tout
autre moyen d'action en leur pouvoir... Dès lors, leurs
adversaires les accusent, eux qui n'ont pas envie de
faire la révolution, de comploter contre le peuple et
d'être des oligarques... Eux,... quand ils voient le peuple,
non pas de son propre mouvement, mais par ignorance
et pour avoir été dupé par leurs calomniateurs, s'efforcer
de leur faire du tort, c'est à partir de ce moment que,
bon gré mal gré, ils deviennent d'authentiques oligarques... D'où poursuites, procès, contestations sur leurs
intérêts mutuels »[2]. Le peuple alors désigne un président « qu'il a coutume de nourrir, de faire croître et
grandir ». Et « quand il pousse un tyran, toutes les
fois que cela a lieu, c'est d'une souche présidentielle
qu'il prend racine... »[3].

Ainsi, le désordre démocratique débouche sur le faux
ordre, sur l'ordre injuste de la tyrannie, tant il est vrai
que « d'ordinaire le trop dans quelque action est com-
pensé, en réaction, par un changement considérable ;
aussi bien dans les saisons que dans les plantes et dans

1. *La République*, VIII ,558 *c*.
2. *Ibid.*, 565 *bc*.
3. *Ibid.*, 565 *d*.

le corps des animaux, et, naturellement aussi... dans les régimes politiques » [1]...

La tyrannie — en cela Platon est d'accord avec la grande majorité de ses concitoyens — est le pire de tous les régimes : la violence s'y déploie librement ; l'injustice est à son comble. Non seulement le tyran aidé par ses hommes de main bannit, pille et tue, mais encore il pousse à comploter et déchaîne des guerres. Car telle est « la nature d'une tyrannie : comme dit le proverbe, le peuple, en voulant éviter la fumée, est tombé dans le feu : de peur sans doute d'être esclave d'hommes libres, voilà qu'il aura des esclaves comme maîtres ! A la place de sa fameuse liberté, aussi large que malencontreuse, il s'est vêtu d'esclavage, et du plus intolérable, du plus amer : celui qui l'asservit à des esclaves » [2].

Cependant, entre l'excessive licence de la démocratie et la certitude qu'impose la tyrannie n'y a-t-il pas des constitutions modérées, comme celles de Lacédémone ou de la Crète ? Platon, après Socrate, reconnaît volontiers que les institutions lacédémoniennes sont correctes et assurent une juste mesure. Il ne les considère pas pour autant comme étant réellement *bonnes* ; elles ne le sont que relativement, relativement au désordre athénien et au despotisme barbare. Le régime spartiate est aussi un régime corrompu. Dans l'analyse abstraite que Platon fait de la dégénérescence politique dans le Livre VIII de *La République* et sur laquelle nous reviendrons, il décrit selon quelles modalités s'instaure et se

---

1. *Ibid.*, 563 *e*.
2. *Ibid.*, 569 *bc*.

dégrade peu à peu une telle constitution. Lors d'un premier stade, dans l'oligarchie, ce sont les guerriers qui gouvernent : ils vivent en communauté, se détournent de tous les métiers manuels et commerciaux et se consacrent tout entiers à la défense de l'État. Il y a quelque côté vicieux dans ce régime : il n'est pas sûr, en effet, que « ces naturels ardents » aient les compétences requises pour une bonne administration ; de plus, « le cas qu'ils font des ruses et des manœuvres qu'on pratique à la guerre, tout le temps de l'État passé à toujours guerroyer »[1] ne constituent certes pas un facteur de moralisation. Il n'y aurait rien là cependant de fondamentalement grave si ces hommes, avides de butin, n'honoraient « sauvagement, dans l'ombre, l'or et l'argent dont ils approvisionnent leurs coffresforts et leurs trésors domestiques »[2] et s'ils n'avaient pour motivation profonde ce sentiment unique : « aimer à avoir le dessus, être férus d'honneurs »[3].

Or ce régime « timocratique » ne peut rester stable : peu à peu, au sens de l'honneur et au courage militaire, fondements de l'État, se substituent « l'estimation des revenus » et l'ordre politique dans lequel « ce sont les riches qui sont au pouvoir et où le pauvre n'y a point part »[4]. Or, « quand la considération... va à la richesse et aux riches, la déconsidération augmente à l'égard de la vertu et des gens de bien »[5]. On commence à spéculer, à vendre les terres familiales, à mêler toutes

1. *Ibid.*, 548 *a.*
2. *Ibid.*
3. *Ibid.*, 548 *e.*
4. *Ibid.*, 550 *cd.*c
5. *Ibid.*, 551 *a.*

les activités, à se targuer d'un savoir-faire dans tous les domaines, de la guerre au commerce, de la politique à l'agriculture... Du coup, s'introduit le dérèglement, dérèglement qui conduit immanquablement au désordre démocratique.

Timocratie, oligarchie, démocratie, tyrannie, telles sont les étapes qui jalonnent le chemin nécessaire de la corruption. Mais le propos de ces pages n'est pas de présenter la « philosophie de l'histoire platonicienne » : il est de comprendre le jugement politique de Platon concernant « les cités existantes ». Car, selon la leçon de la *Lettre VII*, ce jugement est à l'origine de la décision du fondateur de l'Académie, la décision de philosopher.

Car s'il faut philosopher, c'est que la politique telle qu'elle est pratiquée mène, d'une manière inéluctable, à la violence, au malheur et à l'injustice... Serait-ce pour informer la politique et en faire, enfin, une discipline de satisfaction véritable !

Mais, au fait, qu'est-ce que philosopher ? Comment cette entreprise qui annonce la libération est-elle possible ? Et quels sont les moyens dont elle dispose ? C'est ici que se manifeste hautement la signification de l'enseignement socratique. Socrate, membre d'une cité démocratique, n'a jamais « fait » de politique : il s'est contenté de remplir correctement ses devoirs de citoyen. Il a compris que l'activité politique ne débouchait sur aucune solution durable, qu'il fallait prendre une autre voie, plus longue, moins séduisante, moins « active » en apparence, une voie qui, dans son cheminement, pose la double question du pas du pro-

meneur en quête et de la clairière reposante à laquelle
il aspire.

La situation qu'engendre la démocratie constitue un
champ d'expérimentation privilégié. La parole, avons-
nous vu, y est reine ; chacun y peut exposer librement
son jugement sur les affaires publiques et privées ;
chacun se croit habilité à donner son opinion sur la
question de l'État. Or, il apparaît bien vite qu'entre
les opinions ainsi exprimées se manifestent des diver-
gences graves, voire des contradictions. Il est rare que
les hommes s'accordent, sinon sur des généralités de
peu d'importance. Le régime populaire admet cette
diversité, il s'y complaît : il croit que du frottement
de ces appréciations antagonistes surgira soit, dans
les meilleurs cas, une unanimité enthousiaste soit, au
moins, une majorité suffisante pour assurer l'unité du
corps social. Il est de fait que, lorsque les problèmes
posés ne requièrent aucune urgence, lorsqu'ils n'enga-
gent pas la vie ou la dignité des citoyens, lorsque les
passions mises en jeu sont faibles et fugaces, les contradictions ne créent point des antagonismes destructifs.
Mais il est de fait historique aussi que, dès que la discussion est grave, lorsqu'elle risque d'entraîner un
dommage réel et durable pour des individus ou pour
un groupe social, l'affrontement n'a pas de solution qui
soit praticable à longue échéance.

Telle est la leçon qu'on peut tirer de l'évolution
d'Athènes durant la guerre du Péloponnèse. Si la
démocratie athénienne se corrompt, c'est qu'elle se
trouve confrontée à des problèmes politiques, sociaux,
militaires si urgents que le libre exercice de l'opinion
devient inefficace, qu'aucune solution quasi unanime ou

largement majoritaire n'a plus la possibilité de prévaloir durablement, que chacun (ou chaque groupe
social) est contraint de se réfugier dans l'exiguïté agressive de la défense de ses intérêts propres et que, sous
ces coups, l'unité de l'État, à un rythme accéléré, se
dissout.

Au fond, Socrate — qu'on a trop souvent voulu
« laconisant » — est, comme tous les Athéniens qui
réfléchissent, un nostalgique de la démocratie réussie.
Il aurait souhaité que, du choc de l'opinion, surgisse
une « ligne » éthico-politique correcte, au niveau de
l'opinion même ; il aurait voulu que l'*opinion* puisse,
de soi-même, se redresser et devenir *droite*. Force lui
est de constater — lorsqu'il éprouve concrètement l'injustice de la démagogie triomphante et l'injustice re-
doublée que manifeste sa « négation abstraite » : le
pouvoir des Quatre Cents et la tyrannie des Trente —
que l'opinion est incapable de se tirer de ses contradictions, qu'elle est, de par sa nature, condamnée à s'y
perdre. Commencer à philosopher, c'est, de prime abord,
mettre en question non pas seulement le contenu divers
des *opinions* — celles-ci font apparaître si pratiquement
leurs contradictions qu'elles se ruinent d'elles-mêmes —
mais encore le statut d'une existence qui croit qu'*opiner*
c'est *savoir* et qu'il suffit d'être *certain* pour prétendre
à être *vrai*.

Car l'opinion — la *doxa* —, tout l'exercice de la démocratie le prouve, ne se veut point telle : elle reven-
dique la vérité, elle prétend savoir la réalité telle qu'elle
est. En d'autres termes, elle est *certaine de soi*. Et lorsqu'elle se heurte à la certitude égale de l'*autre*, elle
s'étonne, elle s'indigne et entre dans la discussion avec

le sentiment que la contestation qu'on lui oppose est dérisoire, qu'elle en triomphera aisément. En fait, tout au long du débat, elle s'enferme sur elle-même et reste sourde à l'argumentation adverse. Le dialogue n'est qu'apparent : deux monologues parallèles se développent. Or, dans ces conditions, lorsque la discussion a pour but de définir une action commune, qui donc va trancher entre des interlocuteurs qui refusent de se comprendre ? Qui donc va décider lorsque, à l'Assemblée, deux orateurs défendent des points de vue diamétralement opposés ? La majorité ? Chacun de ceux qui participent à l'*Ecclésia* est aussi dans l'état de certitude : il se rallie à l'une ou à l'autre thèse, à une troisième qui n'a point été exposée, il vote en fonction de son opinion, qu'il érige au rang de savoir et qui n'est, en réalité, que l'expression de son intérêt.

Précisément, parce que les intérêts et les passions sont en jeu et que personne ne peut sortir de la fascination qu'ils exercent, les décisions prises par la majorité, une majorité qui est essentiellement variable, n'ont point d'effets durables : la minorité s'active, complote soit pour inverser le rapport des forces à l'intérieur de l'Assemblée, soit pour détruire le régime populaire lui-même. Derrière le « libre jeu » des opinions, derrière les antagonismes des intérêts et des passions se profile le véritable juge, celui qui va trancher en dernier ressort : la violence. La démocratie telle qu'elle est pratiquée à Athènes ne développe pas la liberté : elle libère la violence.

Ainsi, le premier moment de la philosophie — celui qui met sur le chemin de l'éventuelle « sagesse » — consiste à « psychanalyser » l'opinion, à lui révéler la

conscience erronée qu'elle a d'elle-même. Sur quoi l'opinion s'appuie-t-elle ? Quels sont ses arguments ? Qu'elle
s'alimente à la tradition ou qu'elle soit armée par
l' « enseignement nouveau », elle invoque pour soutenir
ses raisonnements ce qu'elle appelle des *faits*. Elle use
de la technique des exemples. Ses exemples, elle les
puise sans discernement, de-ci de-là, dans la littérature
édifiante, dans le donné mythique, dans l'histoire, dans
la vie quotidienne. Elle prétend se fonder sur le « réel »
et, pour elle, le réel, c'est ce qu'elle *voit*, ce qu'elle
constate dans la perception, ce qu'elle éprouve dans
l'expérience. En bâtissant avec un matériau aussi fra-
gile, elle confie ce qu'elle croit être le développement
de la pensée aux *mots* : elle ne se rend point compte
du caractère conventionnel du langage et du fait que
celui-ci ne vaut que lorsqu'il traduit une connaissance
véritable. Elle construit de cette manière des discours
qui embrassent dans une fausse unité la disparité de
son expérience ; ne sachant pas comment on doit user
des mots, elle les utilise, en toute certitude, pour masquer les inconstances, les contradictions de ses jugements.

Au fond, ce que l'opinion ignore, c'est qu'elle prend
pour la totalité du réel ce qui est donné dans la par-
tialité de ses perspectives. Avec des exemples, elle
invente des *faits*, alors qu'elle a constitué ses exemples
d'une façon contingente, à partir du hasard de ses rencontres empiriques et des intérêts que suscitent ses
désirs et ses passions. Ce qu'elle nomme *réel*, c'est
l'imaginaire qu'elle élabore à partir des bribes de réalité
que laisse subsister sa perception obscurcie. Par cette
dernière, elle se laisse guider — par elle et par ses

appétits sensibles. Car tel est bien le statut de l'opinion : au lieu de rechercher ce qui est effectivement réel, elle s'abandonne à ce qui la satisfait immédiatement. Les appétits par lesquels elle est gouvernée lui signalent des « valeurs » qu'elle recueille comme les seules acceptables et dont elle fait les pivots de ses discours...

A la racine des contradictions des opinions, il y a donc la diversité qu'implique nécessairement la soumission aux désirs. La séquence est fort claire désormais : l'homme, qui est passif devant ses appétits, prend pour juge de sa pensée ses intérêts, ses passions ; pour faire valoir ces derniers, il parle, il use du langage pour les manifester face à autrui ; or, de par leur nature, les intérêts sont contradictoires ; surgissent ainsi les discours antagonistes, tous assurés de leur vérité, tous fermés à l'argumentation de l'autre. Dès lors, puisqu'il n'y a pas moyen de trancher, puisque chacun prend pour juge la partie la plus instable de soi-même, subsiste une seule raison : celle du plus fort.

L'analyse abstraite recoupe et fonde la description historique. Nous connaissons maintenant l'origine du mal. Mais encore faut-il déterminer de quelle manière il est possible de sortir de cette situation. Comment montrer à des hommes aveuglés par leur certitude et refusant toute mise en question, que leur attitude est à l'origine de leur propre malheur ? Insister sur ce malheur, mettre en évidence les souffrances et les injustices. Ceux qui sont soumis à l'opinion n'entendront pas : les partisans de la tradition évoqueront le passé « où tout allait si bien » et réclameront absurdement le retour des temps anciens ; les « politiques honnêtes » — comme Thucydide l'historien — construiront l'image

d'une cité où il serait possible d'apparier l'appétit impérialiste et l'intelligence calculatrice ; les cyniques s'éton-
neront de cette prétention puérile à rompre avec un
état qui correspond à la nature même. La pensée libératrice apparaît comme privée de toute possibilité d'action : elle semble n'avoir aucune prise...

Lorsque le philosophe platonicien considère sa situation face à l'opinion, il s'éprouve comme étant dans
le dénuement complet ; au même titre que le philosophe
lecteur de Descartes à l'issue de la *I*re *Méditation métaphysique.*

Que reste-t-il en effet ? Rien dans le contenu de la
pensée et des discours, car les opinions contradictoires
s'entre-détruisent et laissent ce grand vide où s'épanouit
la violence. Demeure donc une forme. Par là, nous
voulons dire que subsiste un fait nu et significatif :
les appétits sensibles triomphent, l'homme avoue sa
passivité devant eux, mais il ne se contente pas de les
laisser s'exercer ; en même temps, il parle, il *les* parle.
Peut-être est-ce là le point d'appui décisif. Car même
si sa parole se réduit à un monologue aveugle et sourd,
elle révèle de cette manière un besoin de manifestation
face à autrui, quelque chose qui ressemble à une exigence de légitimation. Elle n'est pas, elle ne saurait être
seulement un *reflet*, elle tend à être une *justification*.
En d'autres termes, celui qui parle, qui *symbolise* en
quelque façon, par ses gestes, sa mimique, sa conduite,
même s'il est tributaire de ses pulsions dans ce qu'il dit,
se lie, parce qu'il dit et par ce qu'il dit, à la nature du
discours. Encore esclave des sens, il se promeut, invo-

lontairement, en sujet du discours. *Sujet*, il l'est doublement, comme est double le sens de ce mot en fran-
çais : il en est maître parce qu'il le produit et le contrôle,
parce que sans lui le discours ne serait rien ; il en est
dépendant, car, quoi qu'il fasse et qu'il veuille dire
— serait-il dans la bêtise, l'ignorance et le mensonge —
il doit obéir à ses lois. L'homme est le citoyen du discours.

Or, le discours comme tel ne se laisse pas malmener.
On peut tromper autrui — facilement! — en lui tenant
des discours captieux ; on peut, plus aisément encore,
se tromper soi-même. On ne trompe pas le discours.
Les lois sont là, immuables et déterminantes, et, à les
considérer, la possibilité s'offre de sortir de l'impasse
qu'impose la suffisance des opinions. Sot, faux ou men-
teur, l'homme continue d'aimer la vérité et, maladroitement, de la vouloir. Socrate n'a eu aucun mal à faire
admettre à Cratyle que la *vérité* vaut mieux que l'image [1].
Cette volonté du vrai se traduit immédiatement par
l'exigence de *non-contradiction*. Adorateur de sa certitude, celui qui parle ne l'est pas moins de sa cohérence.
Et, du coup, il est en porte à faux : l'occasion de son
ébranlement est donnée, l'éventualité du dépassement
se dessine.

C'est de cette occasion que Socrate a su reconnaître
l'importance ; c'est elle qu'il a exploitée. L'homme de
l'opinion se croit dans la vérité ; tout ce qui est extérieur à sa certitude est, pour lui, de l'ordre de l'erreur.
Mais il ne rapporte pas la vérité à l'erreur ; il ne sait
pas se mettre au-delà de l'une et de l'autre, il n'en a

1. *Cratyle*, 432 b.

pas l'idée. Socrate, en se prétendant incapable de saisir le moindre contenu authentique, y parvient. Il se situe dans le *sens*, antérieur à la différenciation du vrai et du faux. Et, parce qu'il a saisi ce que veut dire *parler*, quel sens a *signifier*, il se rend capable d'ébranler l'opinion, de lui révéler ce dont elle souffre, de lui montrer qu'elle se contredit. Car nous le savons, telles sont les opinions : prenant l'image pour le réel, le fugace pour le stable, la dénomination pour la chose, l'exemple pour le fait, elles sont constamment dans l'incohérence ; chacune d'entre elles se croit dans la plénitude du sens : en les obligeant à se confronter les unes aux autres, en analysant leur structure singulière, on fait apparaître, en rendant manifestes leurs contradictions, la réalité de leur vide.

Mais laissons là l'abstraction : voyons Socrate à l'œuvre face au sens commun. Regardons-le prendre l'opinion au piège du discours. Voici, par exemple, Lysimaque et Mélésias qui viennent de voir la démonstration d'un escrimeur et sa parade en armes : s'ils sont venus assister à ce spectacle, c'est dans le but de savoir si ce genre d'exercices est bon pour l'éducation des jeunes gens. Car ils s'inquiètent à ce sujet : ils ne veulent pas que leurs fils restent dans le dénuement où ils ont été laissés eux-mêmes dans leur adolescence ; ils désirent leur donner les moyens de se former effectivement. L'escrime est-elle un de ces moyens ? Ils craignent de n'être point capables d'en décider valablement et ont prié deux de leurs amis, « spécialistes » en la matière, de les conseiller. Nicias est un homme politique en vue et un stratège estimé : il appartient comme Périclès, à qui il succède en quelque sorte, à cette couche d'aristocrates qui a décidé de servir la démocratie athénienne. C'est un homme modéré, adepte de la « nouvelle culture », mais qui reste fortement attaché aux valeurs religieuses. Il sera choisi — malgré sa vive opposition à l'entreprise — comme chef de la folle expédition de Sicile : il y périra. Lachès est connu surtout comme chef militaire efficace, sans grande profondeur de vue, mais doué d'une expérience qui lui permet de bien mener les hommes et de prendre les décisions utiles quand il convient. Il mourra aussi les armes à la main, en 418, à la bataille de Mantinée.

Assiste aussi à la discussion Socrate : il ne faut pas négliger son avis. Son père n'était-il pas le camarade du père de Lysimaque ? Mais — chose beaucoup plus importante — les deux adolescents dont l'éducation est en jeu font constamment mention de lui et avec de grands éloges. Et Lachès, qui le commandait lors de la bataille de Délion, précise que Socrate s'y est conduit avec un sang-froid remarquable.

Ainsi la situation est claire : un problème précis et urgent est posé, un problème qui a une portée générale, celui de la formation des jeunes gens, et cela à propos d'un exemple limité : la valeur éducative de l'escrime. Le soulèvent des hommes sérieux, mais qui se jugent insuffisamment cultivés pour porter des jugements solides. Deux compétences sont appelées à en témoigner. Et Socrate, parce qu'il est bon citoyen et qu'il plaît à la jeunesse, est prié de donner son avis.

Est-il bon pour un jeune homme d'apprendre le combat armé ? Nicias le pense et engage spontanément les deux pères à faire donner à leurs fils des leçons d'escrime. Celle-ci a d'abord un intérêt technique : elle permet de mieux se battre, soit dans l'attaque, soit dans la retraite ; elle a aussi une valeur morale : celui qui est rompu à la pratique de l'escrime ne pourra manquer de désirer en savoir plus long sur l'art de la tactique, puis, de là, sur celui de la stratégie ; elle donnera ainsi la soif d'apprendre, la volonté de savoir. Ajoutons que l'athlète, contrôlant bien ses mouvements, aura en lui une meilleure confiance et se conduira noblement. Nicias, qui, nous le saurons plus tard, a reçu les leçons du sophiste Prodicos, se place délibérément dans la perspective de « l'éducation démocratique », de la formation de l'homme libre : un citoyen doit être maître de soi et s'efforcer d'en savoir toujours plus ; il lui faut aussi faire son devoir comme combattant ; l'escrime a le mérite d'associer, dans une même pratique, la formation de l'individu et l'intérêt de la Cité.

Lachès n'est pas d'accord. Il le dit brutalement : c'est là son style. Nicias a supposé, comme si cela allait de soi, que l'art de combattre armé s'enseignait, que l'escrime est une *science* et que, grâce à des leçons, on y peut acquérir l'excellence. S'il en était ainsi, il n'y aurait même pas à discuter. Il se trouve malheureusement que l'expérience ne permet en aucune manière de l'affirmer : les Lacédémoniens, dont chacun reconnaît qu'ils sont parmi les meilleurs combattants, ignorent cet enseignement abstrait de l'escrime. Et il est de fait que, dans la pratique, les maîtres d'armes se montrent singulièrement inefficaces : témoin ce professeur d'escrime qui avait inventé une « arme nouvelle » et qui s'est ridiculisé lors du premier combat réel où il a tenté de s'en servir. Le vieux général expérimenté moque la **prétention technique de l' « éducation nouvelle »** : la

trempe des hommes vaut mieux que les « techniques »
dont les professeurs déclarent posséder la « science »,
la théorie... Nicias se laisse abuser par des charlatans...

L'opposition est sans nuance : les deux « spécialistes »
qui devaient, en donnant leurs avis et en les confron-
tant, ouvrir une perspective fructueuse, se heurtent
d'une manière telle que tout espoir d'une définition
moyenne et commune est exclu. Socrate est là. Vers
quoi va-t-il pencher ? Sera-t-il pour ou contre l'escrime ?
Pour qui va-t-il voter ? Pour Nicias ou pour Lachès ?
Élira-t-il — lui dont la voix est devenue décisive puisqu'il intervient en troisième lieu — l'escrime ou la
refusera-t-il, face à ce « peuple » avide de valeurs et de
lignes de conduite bien déterminées que constituent
Lysimaque, Mélésias et leurs fils ?

Or, Socrate n'admet d'entrer dans le débat que si
l'on admet ses conditions. Il refuse d'être « une voix »
parmi les autres qui ferait, par son choix, pencher la
balance de ce côté-ci ou de ce côté-là. Il condamne la
technique démocratique qui veut que la majorité ait
raison : il réclame qu'on se fonde sur la seule *compétence*, une compétence dont la preuve sera faite, non
en vertu de titres antérieurs et contestables, mais au
sein de la discussion même et en raison des arguments
sérieux et reconnus avancés par les parties en conflit.
Il demande aussi qu'on ne perde point de vue un principe : « Quel que soit l'objet en vue duquel a lieu l'examen, ce qui est le véritable objet de la recherche, c'est
ce en vue de quoi finalement on délibère, mais ce n'est
pas ce qui est moyen en vue d'une autre chose »[1].

1. *Lachès*, 185 d.

Dès lors, les éléments moteurs et le thème de la discussion sont bien déterminés : il s'agit de savoir, au
fond, qui est bien capable de soigner les âmes des jeunes
gens. Qui donc, en cette matière précieuses entre toutes,
peut se montrer compétent ? Pour trancher de cette
question, il faut, de toute évidence, ou bien avoir eu
de bons maîtres ou bien posséder une expérience qui
vient seulement avec l'âge. Or, Socrate ne remplit
aucune de ces conditions : d'origine modeste, il n'a reçu
dans sa jeunesse aucune formation, et ce n'est pas à
quarante-cinq ans — Platon situe cet entretien peu de
temps après la bataille de Délion qui eut lieu en 424 —
qu'on peut prétendre avoir accumulé des trésors d'expérience. A cet égard, Nicias et Lachès paraissent beaucoup plus qualifiés. Et si Socrate se reconnaît le droit
d'intervenir, c'est simplement parce qu'il a constaté
un fait qui l'a surpris : *Nicias et Lachès ont développé
deux thèses contradictoires.* Il faut effectivement tenter
de sortir de cette impasse. Comment ? Que Lysimaque
et Mélésias, aidés de Socrate, interrogent sans relâche
les deux généraux. Et que ces derniers veuillent répondre de bonne grâce.

Les interlocuteurs acceptent les conditions imposées
par Socrate. En l'état où est la discussion, ils ne peuvent
faire autrement, d'ailleurs. De plus, ils ont confiance :
Nicias connaît la fermeté intellectuelle de Socrate, son
opiniâtreté ; Lachès — qui s'embrouille facilement
dans les discours — l'a jugé à ses actes. Ils adoptent
la méthode proposée, qui est précisément celle du dialogue. Tout à l'heure, il n'y a pas eu véritablement
dialogue, mais juxtaposition de deux monologues, fermés l'un à l'autre ; maintenant, par le jeu des interro-

gations précises et des réponses adéquates, on en vient
à une véritable confrontation. Le piège socratique commence à fonctionner...

La question posée par les deux pères de famille est
apparemment claire : quelle est la vertu capable d'amé-
liorer l'âme de leurs fils ? Il est de fait qu'une telle
question, cependant, reste obscure dans la mesure où
la notion principale qu'elle implique : celle de vertu,
n'a pas été définie. Mais il est risqué de soulever maintenant un tel problème qui est trop lourd et dont la
solution exigerait une besogne excessive. Ne parlons
donc pas de la vertu tout entière, mais de cette partie
de la vertu : celle à laquelle vise l'étude du maniement
des armes, c'est-à-dire au courage. L'intérêt s'est dé-
placé ; il s'agissait, avant que Socrate n'intervienne,
de l'intérêt éducatif de l'escrime : il est question désormais de définir une vertu. Nous sommes passés de la
confusion empirique à un terme que son abstraction
relative rend déjà plus précis.

Qu'est-ce donc que le courage ? Socrate s'adresse à
Lachès. Celui-ci ne fait guère de difficulté pour répondre
tant les choses lui paraissent simples : « Quand on
accepte de rester dans le rang et de repousser l'ennemi
au lieu de prendre la fuite devant la suite..., on ne
peut manquer d'être un homme courageux »[1]. Socrate
n'a guère de mal à montrer que cette définition est
insuffisante, obscure, qu'elle ne correspond pas aux faits
couramment reçus, bref, qu'elle est inacceptable.
Homère ne glorifie-t-il pas le courageux Énée d'avoir
été « un maître machinateur de fuite » ? N'y a-t-il pas

1. *Ibid.*, 190 e.

de nombreux exemples tirés de la tactique et de la stratégie contemporaines prouvant que le courage, la vertu militaire consistent à savoir rompre le rang quand il convient ? De plus, n'est-il pas singulièrement léger de restreindre la définition du courage à l'exercice des armes ? N'y a-t-il pas des gens qu'on qualifie légitimement de courageux qui affrontent les périls de la mer, qui résistent à la maladie, à la pauvreté, aux vicissitudes de la vie publique, aux entraînements des passions ?

Qu'y a-t-il donc d' « identique en toutes ces variétés de courage » ? Lachès demande qu'on l'excuse : il n'a pas bien compris la question posée. Maintenant, il y voit plus clair. Socrate, en multipliant des exemples immédiatement intelligibles à son interlocuteur, lui a permis de saisir ce qu'est une définition, ce qu'est un « abstrait », un terme qui s'applique à une multiplicité de cas singuliers. Il n'hésite pas à répondre : le courage, « c'est une certaine fermeté d'âme »[1]. Socrate est embarrassé : au fond, cette définition n'est pas mauvaise (nous le savons, nous, qui avons ce privilège, que n'a pas Lachès, de connaître les enseignements socratique et platonicien dans leur ensemble) ; elle est tout aussi inacceptable que la précédente, cependant. De toute évidence, en effet — l'interrogatoire que mène Socrate le prouve abondamment — Lachès, en donnant cette définition, *ne sait pas ce qu'il dit*. Décidément, Lachès, le général courageux « sorti du rang », est bête. Il faut que Socrate le montre — à lui, mais sans le blesser (on peut se moquer durement d'une foule, comme celle

1. *Ibid.*, 192 *b*.

des juges, d'un ami, provisoirement égaré, non d'un brave homme qui fait des efforts), aux autres, afin de les former.

Comment contraindre Lachès à se taire, à reconnaître qu'il ne sait rien ? Socrate n'hésite pas à employer les procédés de discussion mis au point par les « éristiques », par ceux qui se sont faits les spécialistes de la « dispute rhétorique ». Il argumente avec une subtilité que le lecteur moderne ne manquera pas de trouver excessive : l'important est que Lachès se rende, qu'il reconnaisse qu'en évoquant la « fermeté d'âme » il ne comprenait nullement ce qu'il voulait, par là, signifier. Car, après tout, ce n'est pas un mince résultat que d'obliger celui qui croit avoir des « idées » à avouer qu'à l'épreuve du langage dialogué, ses « idées » se décomposent. Lachès se rend : « ... Personnellement, je le crois, j'ai des idées sur la nature du courage ; et voilà que, sur l'heure, elles se sont si bien enfuies que cette nature du courage, je n'ai pas de mots pour la retenir en mon étreinte et pour dire ce qu'elle est » [1].

Que Nicias parle maintenant, lui qui a mis si brillamment en évidence l'utilité pédagogique de l'escrime. Il a bien saisi la méthode de Socrate, lui, et il est bien décidé à ne pas s'engager dans les mauvais chemins empruntés par Lachès. Il se situe, d'entrée de jeu, dans cette optique qu'il croit être celle de Socrate et manie immédiatement l'art de distinctions. Lachès n'a rien compris au « jeu » socratique : Nicias le connaît et il accepte de le jouer (parce que sa certitude lui garantit qu'il y sera vainqueur). Il a entendu dire que

1. *Ibid.*, 194 *b.*

Socrate posait volontiers cet axiome : « Chacun de nous
vaut en ce que précisément il sait, mais, en ce que
précisément il ignore, en cela il ne vaut rien »[1]. Qu'à
cela ne tienne! Le courage, qui est une « valeur », est
nécessairement un savoir. Le tout est de déterminer
de quoi il est savoir. Si l'on répond à cette question
le problème sera résolu. Nicias, malgré les interventions
brutales de Lachès, est sûr maintenant d'être dans le
bon sens et de satisfaire aux exigences de la méthode
proposée par Socrate et acceptée par tous les parti-
cipants.

« Le courage, c'est le savoir des choses qui méritent
crainte ou confiance, aussi bien à la guerre que dans
tous les autres cas, sans exception »[2]. Lachès ne veut
pas en entendre plus long : l' « intellectualisme » de
son collègue l'irrite ; il tient pour absurde son mode de
raisonnement. Car déraisonne celui qui croit que savoir
et courage ne sont pas à part l'un de l'autre. Socrate
intervient pour que le ton reste courtois : il invite
Lachès à contraindre Nicias, par ses interrogations, à
reconnaître qu'il parle pour ne rien dire. Les exemples
ne manquent pas : le médecin, le devin ne possèdent-ils
pas ce savoir « des choses qui méritent crainte ou confiance »? Sont-ils pour autant courageux? Mais ni
Lachès ni Nicias ne savent discuter : malgré les recti-
fications que tente d'introduire Socrate, l'échange s'en-
lise dans l'inessentiel. Et lorsque le lecteur voit Socrate
reprendre la direction des opérations, il se réjouit,
espérant qu'on va sortir enfin de la confusion. Effec-

1. *Ibid.*, 194 *d.*
2. *Ibid.*, 195 *a.*

tivement, celui-ci pose une question plus précise : si le courage est un savoir, quel sens y a-t-il donc à dire que le lion, le léopard, le sanglier sont courageux? Peut-on sérieusement penser qu'ils « savent »? Cette fois, Nicias ne se laisse pas prendre, semble-t-il. Sa réponse est prête : c'est par abus de langage qu'on attribue le courage aux bêtes fauves, celles-ci ne sont que téméraires. Décidément, Nicias, l'aristocrate cultivé, est intelligent. Cela n'arrange rien.

Et Socrate va bien vite le montrer. Puisque son interlocuteur demande qu'on prenne les termes dans leur acception exacte et les notions dans leur signification claire, examinons de cette manière la définition avancée. Nicias a admis que le courage n'est pas la vertu tout entière, mais seulement une partie de celle-ci. Il l'a défini comme science des choses redoutables, c'est-à-dire des « maux futurs ». Mais qu'est-ce donc que ce savoir qui porte sur le futur? Un savoir authentique ne saurait faire entrer en considération des différences temporelles : « Concernant tout ce qui est objet de science, la connaissance n'est pas autre quand il s'agit, pour le passé, de savoir comment les choses ont eu lieu; autre encore, pour ce qui a lieu présentement, de savoir comment cela a lieu; autre enfin, à l'égard de ce qui n'a pas en lieu jusqu'à présent, de savoir comment cela pourrait se produire et se produire au mieux »[1]. Dès lors, ce savoir qu'est le courage est connaissance de *tous* les maux, qu'ils soient passés, présents ou à venir; il est, par conséquent, « le savoir qui concerne tous les biens comme tous les

1. *Ibid.*, 198 *d*.

maux, à quelque moment de la durée qu'ils appartiennent [1] ».

Nicias en convient. Et, du coup, il reconnaît s'être contredit. Car un tel savoir, c'est, de toute évidence, le savoir total, la vertu tout entière. Or, il était bien entendu que le courage n'est qu'une partie de la vertu. Nicias, malgré sa subtilité, pas plus que Lachès, ne savait ce qu'il disait. Lachès triomphe. Il ne se rend pas compte — et Nicias le lui fait vertement remarquer — que cette joie est de mauvais aloi dans la mesure où la conclusion du débat est simplement qu'ils sont l'un et l'autre « totalement ignorants des choses dont il sied que l'on possède la connaissance, quand on se figure être quelqu'un » [2]. Ils n'ont qu'à se démettre de leur prétention à conseiller Lysimaque et Mélésias pour l'éducation de leurs enfants et inviter Socrate à prendre l'affaire en main, à s'occuper, dès maintenant, de l'éducation des jeunes gens.

Or, Socrate se récuse : non qu'il ne veuille pas, mais parce qu'il n'en a pas le droit. Pas plus que ses amis, il n'a su répondre à la question posée ; comme eux, il est dans une situation sans issue. La leçon à tirer de cet échec est qu' « il ne faut, en aucun cas, nous permettre à nous-mêmes de continuer à nous comporter comme nous nous comportons à présent », qu'il convient que « nous tous nous cherchions en commun, avant tout pour nous-mêmes, car nous en avons besoin, ensuite pour ces adolescents, un maître aussi parfait que possible, sans être ménagers ni de notre argent, ni de rien d'autre [3] ».

1. *Ibid.*, 199 *c.*
2. *Ibid.*, 200 *a.*
3. *Ibid.*, 201 *a.*

Et Lysimaque et Socrate prennent rendez-vous pour le lendemain.

Ce maître, quel est-il ? Nous sommes encore trop enfoncés dans la certitude, c'est-à-dire dans l'ignorance, pour le reconnaître. Ce que nous savons, en tout cas, c'est que sa découverte passe par le dialogue. Dans le *Lachès*, la valeur formatrice de ce dernier apparaît d'une manière exemplaire. Les deux pères de famille, leurs enfants symbolisent une opinion publique, inculte certes, mais finalement pleine de bonne volonté, qui est prête à se laisser séduire par le premier venu « dont on parle » — le maître d'escrime — et qui, toutefois, aimerait ne point se laisser abuser. Les deux stratèges, ce sont les « puissants » auxquels la démocratie a confié son destin ; dans d'autres dialogues, Platon les présente sous des traits moins favorables; ici, ce sont des hommes honnêtes, soucieux de bien faire, persuadés que l'expérience par eux acquise est bonne et fructueuse, désireux de rendre service à autrui et qui restent accessibles à la critique.

La sincérité foncière de ces représentants de la démocratie modérée rend plus parlante encore la démonstration. La nature de la *doxa*, de l'opinion, devient bien vite manifeste : elle se croit sûre d'elle-même et, dès le moment où on l'oblige à s'exprimer, elle développe avec une égale certitude les thèmes contradictoires; l'inconséquence de ses modes de raisonnement est mise en évidence : tantôt elle se prévaut de son expérience, tantôt elle s'abandonne à la fascination des beaux discours ; tantôt elle avance des exemples sur lesquels elle n'a pas réfléchi, tantôt elle réfléchit sur des mots sous lesquels elle ne peut mettre aucun fait ; les deux courants principaux qui la traversent apparaissent clairement : d'une part un « empirisme honnête » et plein de soi qui croit qu'éprouver c'est connaître, d'autre part un « intellectualisme » qui pense avoir réponse à tout, mais qui prend le mot pour la chose et l'image pour le concept.

Quant à la méthode — à l'absence de méthode, à la radicalisation spirituelle — de Socrate, elle se révèle aussi : il s'agit pour Socrate (qui est, en somme, le *démon* de Platon, son introducteur, son garant) non pas d'opposer une thèse à d'autres thèses, mais de se constituer comme le négatif : les exemples que l'opinion avance ne sont pas de bons exemples puisqu'il est aisé d'en trouver qui les détruisent ; les raisonnements que l'intelligence commune construit ne sont pas de bons raisonnements puisque la moindre mise en question précise révèle leur absurdité ou leur contradiction. Son but est de détruire la certitude et ses justifications illusoires en leur opposant, non une vérité — que le détenteur de la certitude pourrait prendre simplement pour une *autre* certitude — mais l'échec, l'absence de réponse et, dès lors, l'exigence d'une interrogation autrement conduite et comprise. Elle n'enseigne pas ce qu'il faut savoir, mais comment il ne faut pas se conduire si l'on veut se mettre en situation de savoir. Elle ne réclame pas une adhésion : elle propose un arrachement...

« Ils (*ceux qui pratiquent le dialogue socratique*) interrogent un homme sur les points dont il peut se figurer qu'il parle pour dire quelque chose, alors qu'il en parle pour ne rien dire ; en suite de quoi, ces opinions, en tant qu'elles sont celles d'individus dont la pensée est flottante, ils les soumettent sans difficulté à un examen, et, les rassemblant dans leurs propos en un même groupe, ils les mettent ainsi les uns contre les autres ; puis, en faisant cela, ils font voir qu'elles sont en même temps, sur les mêmes sujets, ayant un même objet, en contradiction sur les mêmes rapports elles-mêmes avec elles-mêmes. Ce que voyant, les personnes interrogées se fâchent contre elles-mêmes, tandis qu'elles s'adoucissent à l'égard d'autrui, et c'est justement de cette manière qu'elles sont libérées des opinions puissantes et solides dont leur propre esprit est investi : libération qui, de toutes, à la fois est la plus agréable pour l'assistant qui l'écoute, et celle dont les effets possèdent, pour celui qui en est l'objet, la plus solide certitude » [1].

En réalité, entrer dans un tel type de dialogue, c'est commencer à penser : « Or, est-ce que tu appelles " penser " exactement ce à quoi j'en donne le nom ?... C'est une conversation que l'âme poursuit avec elle-même sur ce qui est éventuellement l'objet de son examen. A vrai dire, c'est à la façon d'un ignorant que je te présente cela : le fait est que cette image que je me fais de l'âme en train de penser n'est rien d'autre que celle d'un entretien, dans lequel elle se pose à elle-même des questions et se fait à elle-même les réponses, soit qu'elle affirme, ou qu'au contraire elle nie... » [2].

Par le moyen de la parole qui dialogue, l'extrême pauvreté de l'opinion ne peut plus être cachée sous les oripeaux du langage ; et cette extrême pauvreté, par ce même moyen, va se transmuer en richesse infinie —

1. *Le Sophiste*, 230 *bc*.
2. *Théétète*, 189 *d*-190 *a*.

celle qu'offre le vrai savoir. En s'exerçant à déterminer ce que parler veut dire, il saisit ce que veut dire *parler*.

Il est capable, désormais, pourvu qu'il ne retombe pas sous la coupe des appétits, de s'arracher au sensible. Mais l'opération est douloureuse et exige un long détour.

CHAPITRE TROISIÈME

Le plus long détour

— Nous le savons maintenant : l'injustice, manifestation et preuve du malheur, sous ses avatars divers, tant individuels que collectifs, a pour cause l'excessif attachement que l'homme porte à ses appétits sensibles. L'expérience du dialogue — bien qu'elle ait été négative jusqu'ici — l'a montré ; mais elle a mis aussi en évidence le fait qu'en parlant, et quand bien même resterait-il enfermé dans sa certitude, celui qui accepte de dialoguer vraiment se livre, en quelque sorte, à une exigence d'un autre ordre. En apprenant à entendre autrui, en essayant de se mettre d'accord avec lui-même, il commence déjà à s'arracher à la fascination qu'exercent la passion et l'intérêt... Il s'engage sur le long chemin à l'issue duquel peut-être sera donnée l'éventualité d'une satisfaction durable. Cependant l'épreuve qu'il vient de subir — lui, auditeur ou lecteur, qui vient de ressentir avec irritation ou avec chagrin la sottise et l'insuffisance de Lachès et de Nicias, ce Lachès et ce Nicias qui, en quelque manière, lui ressemblent toujours si fort — ne lui permet pas encore d'aller courageusement de l'avant. Il doit aux difficultés de son arra-

chement d'autres motivations ; il importe qu'on lui
propose d'autres modèles.

Les dialogues dits socratiques signalent avec une
subtilité insistante la voie qu'il ne faut pas prendre. Ce
n'est pas assez : il faut habituer celui qui est persuadé —
mais point encore convaincu — de la carence radicale
de l'opinion à voir autrement la réalité, à concevoir d'une
façon différente problématiques et réponses. Il s'agit
de faire valoir le *détour* en montrant, à propos de questions singulières, mais significatives et importantes, que
des solutions originales et fructueuses peuvent être
apportées. Entre les dialogues (socratiques et négatifs)
qui aboutissent à une impasse et les dialogues d'enseignement — à partir de la seconde partie de *La République* — Platon ménage une transition. Le lecteur
ne peut plus être amoureux de l'opinion — il n'est plus
philo-doxe ; il n'est pas pour autant amoureux du savoir
— *philosophe* ; cette dernière disposition d'esprit, il
convient de la lui donner. Mais aller trop vite serait
folie : ce serait le jeter brutalement dans un monde qu'il
ne peut comprendre. Donnons-lui le moyen de cheminer,
en lui posant des questions qui le concernent concrète-
tement : l'amour, la mort, les relations sociales, la poésie, les dieux, l'éducation. S'il s'engage sur cette route,
quand bien même il ne serait pas pleinement convaincu,
il est prêt à s'éveiller et à poser les vrais problèmes, à
devenir dialecticien, c'est-à-dire réellement philosophe.

Soit, comme premier exemple, l'amour. Chacun le vit,
s'y donne et s'y perd. Tous croient en être maîtres et,
tous, bientôt, en pâtissent. Parce qu'il fascine et désole,

par ce qu'il promet et par ce qu'il refuse, il devient un
objet privilégié autour duquel se développent idées traditionnelles et pensées novatrices. Il est vécu, par ceux
qui s'y livrent comme par ceux qui, après s'y être abandonnés, y réfléchissent, comme un fait contradictoire et
confus. Il n'est permis ni d'éluder les problèmes qu'il
pose ni de le vivre dans la simplicité pseudo-banale de
l'illusion sentimentale. Il s'agit de le *penser*, de savoir
à quelles motivations profondes correspond cette « passion » qui a conduit tant de dieux, de héros et d'hommes
à se conduire comme s'ils avaient perdu toute raison,
comme s'ils étaient *fous*. De cette passion, les gens s'é-
cartent et se moquent : ils reconnaissent sa puissance,
mais — inconscients d'eux-mêmes — ils souhaitent qu'on
n'en parle pas et que, si on en parle, on oublie ce qu'elle
signifie réellement.

Tel Lysias le rhéteur, le fabricant de discours. Le
naïf Phèdre, toujours prêt à s'enthousiasmer devant les
exposés bien nourris et bien faits, se plaît à rapporter à
Socrate son propos. Lysias, sérieusement, pose un problème : lequel vaut mieux, pour l'aimé, de l'amant qu'emporte la passion amoureuse ou de celui qui est dénué de
passion ? Et il démontre avec une habileté remarquable, dans une analyse où aucun maillon du raisonnement n'est sauté, où n'est négligée aucune référence cul-
turelle, ce paradoxe que l'absence de passion dans l'a-
mour est préférable à sa présence. Il développe, en utilisant tous les artifices rhétoriques, les thèmes de cet
intellectualisme qui est devenu traditionnel chez les
« esprits forts » athéniens. Et il croit ainsi non seulement
faire la preuve de l'efficacité de sa technique discursive,
mais encore s'opposer utilement aux entraînements

d'une mentalité populaire trop sensible aux caprices
de l'affectivité.

Tel aussi, dans une perspective différente, Phèdre
lui-même — dans *Le Banquet*, cette fois — qui, invité
à faire l'éloge de l'amour, accepte volontiers de parler
le premier et se lance dans un discours érudit, foisonnant de références et de citations où il tente de montrer
que l'amour — malgré tout, malgré ce qu'un vain
peuple en pense — contient des termes de moralité,
qu'il est un grand dieu, vers quelque sexe qu'il se tourne
et pourvu qu'on en comprenne la finalité. L'amour de
l'homme pour le jeune homme — cette *pédérastie* qui,
comme on le sait, était couramment pratiquée en Grèce
et fut considérée comme un des meilleurs procédés péda-
gogiques dans les cités les plus politiquement vertueuses
de l'Hellade — n'est-il pas le meilleur garant de la solidarité sociale ? N'oblige-t-il pas chacun des partenaires
à se vouloir toujours plus zélé et plus courageux ?
Quant à l'amour hétérosexuel, la tradition ne montre-
t-elle pas abondamment qu'il a suscité des sacrifices admirables, comme, par exemple, celui d'Alceste ? Achille,
qui se lance impétueusement dans la bataille et fait
taire son ressentiment pour venger la mort de son amant
Patrocle, Alceste, qui préfère sa propre mort à celle de
son mari Admète, ne prouvent-ils pas, par leur exemple, que l'amour est à l'origine des sentiments les plus
élevés ?

Lysias et Phèdre ont-ils vraiment parlé de l'amour ?
Ils le croient parce qu'ils ont pris les mots pour les choses
et qu'ils ont pensé, en agençant avec subtilité arguments
et références, qu'ils disaient quelque chose d'important. Ils le croient, comme Agathon — l'hôte du *Banquet*

— qui, en construisant un éloge maniéré et bien sonnant, est sûr d'avoir attiré l'attention passionnée de ses auditeurs, comme le médecin Pausanias qui, avec la cuistrerie propre à ceux qui pratiquent son art, joue de la mythologie pour prouver la supériorité de la pédérastie sur l'amour des femmes, comme le dérisoire Éryximaque...

Aristophane est d'une autre trempe : les autres ont refusé de s'arracher au sensible, bien qu'ils y soient et s'y complaisent ; mais ils veulent faire montre d'esprit ; ils prétendent introduire la *distance,* caractéristique de la pensée ; ils posent des « questions passionnantes » — comme Lysias ; ils ont des connaissances mythologiques, ils savent faire des phrases et ils développent — à partir de ces matériaux — des points de vue qu'ils jugent « intéressants », ils participent à « la pensée novatrice » et croient, du même coup, grâce à leur culture, se libérer de la mentalité populaire. Ils sont dans le faux-semblant et la minceur, l'inutilité des résultats qu'ils atteignent l'attestent.

Le poète comique procède autrement : il ne prétend point au raffinement ; il a vaincu son hoquet et se lance dans une improvisation sans calcul, sans pédantisme, délirante et inspirée, qui manifeste à la fois les possibilités inattendues et la servitude irrémédiable, la nécessaire sujétion qu'implique la croyance spontanée et joyeuse aux vertus du sensible. Il ne cherche pas, lui, à prendre de la distance ; il joue le jeu des images et en tire, contrairement aux « intellectuels », des effets saisissants. A partir d'une mythologie burlesque et grandiose qu'il fabrique de toutes pièces, il construit une déduction de l'*érotique* qui justifie toutes les amours, homosexuelles et hétérosexuelles, toutes les passions, qu'elles se tournent vers les traits caractéristiques d'un individu ou vers les spécificités d'un groupe. A l'origine, il y avait des êtres doubles, doués de deux visages, de quatre jambes, de quatre bras ; certains possédaient deux sexes masculins, certains deux sexes féminins, d'autres étaient bisexués. Les dieux voulurent que ces plénitudes fussent disjointes. Depuis, chaque moitié cherche la moitié complémentaire dont elle a été séparée : chaque homme, chaque femme, selon sa situation originaire, cherche l'homme, la femme qui lui correspond... Phèdre, Pausanias, en supposant qu'il y a deux amours — un qui serait raffiné, l'autre qui serait populaire — ont inutilement rusé : l'amour est *un*, l'aimant quête passionnément l'aimé comme l'un cherche l'autre qui lui rendrait son unité perdue...

Ce que montre le discours génial et bouffon d'Aristophane, c'est qu'au fond il y a plus de vérité peut-être, en tout cas plus de signification, dans les propos incontrôlés d'un homme qui s'abandonne aux appétits et qui refuse — d'entrée de jeu — de les mettre en question que dans les faux problèmes que suscite l'intellectualisme banal et militant. L'amour est *un* ; il est expansion hors de soi et ce qu'il vise, cependant, c'est soi et la retrouvaille de soi ; il est de l'ordre de la pulsion normale, naturelle. Ce que signifie cette normalité dynamique, ce à quoi elle renvoie, Aristophane, dans la facilité qu'offre la pseudo-lucidité de l'ivresse dissipée, ne s'en préoccupe point. Il lui suffit que son invention en parle mieux, qu'elle soit mieux en rapport avec l'expérience immédiate de chacun, qu'elle satisfasse à son besoin de plaire et au besoin qu'a le lecteur d'être séduit. Il lui suffit, au fond, de mieux réussir que le rhéteur, le mythologue, le disputeur... Il en dit plus, finalement, que les fabricants de discours ; mais il n'en sait rien ; il oppose un bon sens — une bonne signification — qu'il juge sérieux et autour duquel il construit une affabulation plaisante à un bon sens qu'il croit perverti par l'excessive culture. Il réagit par l'invention comique aux sécheresses et aux calculs de l'intellectualisme.

Qu'on sache bien où l'on en est : c'est là ce que réclame Socrate, cependant, dans le *Phèdre* et dans *le Banquet*. Dans le premier dialogue cité, Phèdre a rappelé comme exemple même de finesse et de profondeur le discours de Lysias. Socrate, par faiblesse, par amitié, accepte de discuter du problème posé par le rhéteur. Mais, bientôt, il s'aperçoit qu'il se fourvoie en procédant de la sorte et qu'il a peu de chances ainsi de prouver à son interlocuteur que Lysias était, dès le début, dans l'inessentiel. Ainsi proclame-t-il qu'il faut sortir de la *niaiserie*, qu'il faut s'arracher aux mirages du sensible! Le premier mouvement de ce processus de décentration consiste — ainsi que dans les dialogues « négatifs » comme le *Lachès* — à radicaliser les problèmes en posant à leur propos la question décisive, celle de la *nature* ou de l'*essence* de la chose dont finalement on discute. Lysias, Pausanias et leurs émules dissertent sur l'amour. Mais ils se gardent bien d'aborder l'interrogation importante et évitent de se demander *ce qu'est l'amour*. Ils jouent avec le mot et se réfèrent à des expériences confuses, meublent le vide de leur discours par le pauvre moyen de l'attirail culturel : de ce dont il est véritablement question, ils ne parlent pas.

Or, ce premier mouvement de rupture avec la fascination des appétits conduit à un autre mouvement, positif celui-là, qui est comme une *perversion*, un détournement... Qui se détourne de l'individualité des problématiques et s'ouvre à la généralité de l'abstrait comprend bientôt que les vraies questions forment un système, qu'on ne peut poser le problème de l'essence de l'amour sans s'interroger sur la nature de l'âme, sur son destin, ici-bas et ailleurs... Ainsi le *Phèdre* ébauche lyriquement une conception que développera naturellement l'idéalisme platonicien élaboré, selon laquelle il y a un ordre et une hiérarchie des essences. Laissons là toutefois cette idée sur laquelle la nécessité de la doctrine nous amènera à revenir...

De cette opération de subversion, *Le Banquet* présente une autre pratique. Socrate craint de vexer le bel Agathon, qui, de toute évidence, a dit des bêtises : opposer à son afféterie le sérieux d'un bonne démonstration serait de mauvais goût et de peu d'effet. Il vaut mieux, devant le faux-semblant, faire semblant et user d'ironie : c'est à une poétesse inspirée, à une prêtresse qu'il dit avoir rencontrée naguère que Socrate cède la parole. Il rapporte ses propos. Et ceux-ci débutaient par une recentration. Ceux qui viennent de parler de l'amour ont accepté la leçon commune et en ont fait un dieu. Or le statut divin implique la béatitude — l'égalité de soi avec soi, dirait-on dans la terminologie moderne — l'absence de désir. Or — tous en conviennent — l'amour est désir, il va vers un autre que soi, quand bien même ce serait le soi qu'il vise en fin de compte. Il importe de le remettre à sa place : il n'est pas un *immortel* (car l'immortalité signifie toujours, en quelque manière, l'immutabilité) ; il est un *démon*, un intermédiaire entre les dieux et les hommes, qui

participe des uns et des autres et doit assurer leur communication.

Ce à quoi donc il faut nous appliquer, c'est à un
mythe démonogonique. Ceux qui viennent de parler ont
usé et abusé de la mythologie. Qu'on joue donc le jeu
du conte et de sa puissance suggestive! Puisqu'il faut
parler d'un sujet qui suscite tant d'intérêt et d'aberration, qu'on se situe, pour commencer, en ce domaine
où les contradictions ne sont point inconciliables, celui
du récit mythique, où les images symboliques acquiè-
rent tout leur pouvoir.

D'où vient donc l'amour? Qui l'a engendré? Aux
banalités de la tradition, aux inventions bouffonnes,
substituons une leçon qui rende compte de la généralité
de l'expérience. *Invention* jadis eut un fils, *Expédient*,
qui, comme lui, n'était point un immortel. Lors du
banquet célébrant la naissance d'Aphrodite, celui-ci eut
l'insigne honneur d'être invité : séduit par l'assemblée
divine à laquelle il était convié, bouleversé par la grâce
qui lui était faite, il but plus que de raison et s'enivra.
Il s'enivra tant qu'après le repas il dut aller se reposer
dans le jardin. Or, une mendiante, *Pauvreté*, quêtait :
elle vit *Expédient* et se glissa auprès de lui. De leurs
embrassements naquit *Amour*.

On sait combien d'interprétations diverses suscite
cette symbolique. Pour tentante que soit l'opération,
n'en ajoutons pas une nouvelle et contentons-nous de
rappeler les significations immédiates du récit. *Amour*
a été conçu dans le jardin des dieux et placé sous le
signe d'Aphrodite. Mais, engendré par deux non-immor-
tels, il n'est pas de la race des « nantis ». Il sera cher-
cheur : comme son père, il est inventif et calculateur ;

comme sa mère, souffrant et douloureux, il mendie.
Ainsi, il est fait de « contrastes solidaires »[1] ; il est une
« synthèse instable ». Il est dans le dénuement et il
connaît son dénuement : il veut sortir de soi et tend
constamment à la beauté et à l'immortalité. Bref, il
est philosophe.

Car le philosophe, lui aussi, est né sous le signe de
la divinité. Il est ignorant et il se sait ignorant. Sans
arrêt, dans une quête que rien n'arrête, il essaie de
sortir de ce statut intermédiaire pour atteindre à la
tranquille beauté du savoir impérissable. Déjà, on le
voit, le conte de la prêtresse nous entraîne à adopter
une perspective plus abstraite. Celle-ci va se préciser
encore grâce à l'examen dialectique auquel nous invite
Socrate. En fait, couramment, on se contente de définir
« l'amour comme désir de posséder et de garder ce qui
est bon ou semble bon »[2]. Or, une telle définition est
beaucoup trop large : l'athlète, le financier tendent à
acquérir et à conserver ce qui leur paraît bon : on ne
les tient pas *précisément* pour des amoureux. Pour saisir
l'essence de l'amour, il faut considérer un autre
aspect : la manière dont il s'efforce de réaliser ce
désir.

L'amour veut « procréer et enfanter dans le beau »[3] :
c'est ainsi qu'il cherche l'immortalité. Dans sa modalité
banale et extérieure, il utilise la fécondité des corps et
engendre des enfants de chair. Lorsqu'il s'approfondit
et se purifie, il recherche l'engendrement par l'âme :

---

1. L. Robin, notice du *Banquet*, col. G. Budé, p. LXXX.
2. *Le Banquet*, 206 *a*.
3. *Ibid.*, 206 *e*.

l'œuvre du poète, l'activité fabricatrice des gens de
métier constituent déjà une manifestation du désir qui
l'anime. La volonté d'organiser les cités, de régler les
rapports des hommes d'une manière durable selon la
justice, l'exprime encore plus sérieusement et plus profondément. Ainsi, par paliers successifs, se précise le
sens de son projet : ce à quoi vise l'amour, c'est à former,
à éduquer l'âme selon la beauté et la vérité. Son souffle
démonique, lorsqu'on en comprend la signification et
qu'on ne se laisse point absorber par ses réalisations
partielles, le porte à vouloir toujours mieux.

Les autres éloges, de celui de Phèdre à celui d'Agathon, s'empêtrent dans d'insolubles difficultés, non point
seulement parce qu'ils ont refusé de poser la question
de l'essence de l'amour, mais parce qu'ils n'ont pas vécu
la réelle portée de l'initiation amoureuse. Et lorsque
Alcibiade, ivre, surgit inopinément au sein de l'assemblée, lorsque, contraint à parler lui aussi, il délire, dans
une merveilleuse improvisation, non sur l'amour, mais
sur celui qui, à ses yeux, l'incarne suprêmement, son
ami Socrate, lorsqu'il décrit la délicatesse, la spiritualité
de leurs relations érotiques, il porte le témoignage
décisif. L'Évangile selon Alcibiade apparaît, dans l'économie du *Banquet*, comme la confirmation expérimen-
tale du récit mythique et de la démonstration dialectique que celle-ci prépare : voici le bel Alcibiade, béni
des dieux, riche de tous les talents, qui déclare son
amour, sa passion pour Socrate, qui est laid, pauvre
et qui n'a d'autre renommée que celle que lui assurent
sa vertu et l'exigence de sa parole. Et Socrate n'a même
point consenti à être l'amant d'Alcibiade : celui-ci ne
l'en aime pas moins, car il a compris, grâce à l'ensei-

gnement socratique, ce qui compte dans l'élan que
confère le démon amour.

Le démon, qui connaît confusément sa puissance
d'initiation, incite d'abord au désir d'un beau corps
qui rassemble les appétits et mobilise l'affectivité ; mais,
au sein de cette passion, bientôt se découvre une inci-
tation plus large et plus riche : l'amoureux s'interroge
sur *la* beauté corporelle. Dans le commerce qu'il entretient avec l'aimé, il s'aperçoit que sa satisfaction ne
résulte pas seulement de la réponse qu'il apporte à son
appétit, mais qu'elle vient aussi de la réussite de la
relation active qu'il entretient avec un autre homme,
avec une autre âme... Dès lors, il apprend peu à peu
à considérer comme plus précieuse la beauté dans les
âmes que celle qui appartient au corps : et cela « au
point que, si la beauté qui convient à l'âme existe
dans un corps dont la fleur a peu d'éclat, il se satisfait
d'aimer un tel être, de prendre soin de lui, d'enfanter
pour lui des discours appropriés, d'en chercher qui soient
de nature à rendre la jeunesse meilleure ; de façon à
être forcé de considérer le beau dans les occupations
et les maximes de la conduite »[1].

De la sorte, au cours de cette initiation qui est comme
un arrachement purificateur, le beau, qui, d'abord, était
un *attribut* adjoint à une singularité corporelle, acquiert
progressivement le statut de *sujet* : « Celui qui, en effet,
sur la voie de l'instruction amoureuse, aura été par
son guide mené jusque-là, contemplant les beaux objets
dans l'ordre correct de la gradation, celui-là aura la
soudaine vision d'une beauté dont la nature est mer-

1. *Ibid.*, 206 *bc.*

veilleuse ; beauté en vue de laquelle justement s'étaient déployés tous nos efforts antérieurs : beauté dont, premièrement, l'existence est éternelle, étrangère à la génération comme à la corruption, à l'accroissement comme au décroissement, qui, en second lieu, n'est pas belle à ce point de vue et laide à cet autre... ; pas davantage encore cette beauté ne se montrera à lui pourvue, par exemple, d'un visage, ni de mains, ni de quoi que ce soit d'autre qui soit une partie du corps ; ni non plus sous l'aspect de quelque raisonnement ou encore de quelque connaissance ; pas davantage comme ayant en quelque être distinct quelque part son existence, en un vivant par exemple, qu'il soit de la terre ou du ciel... ; mais bien plutôt elle se montrera à lui, en elle-même et par elle-même, éternellement unie à elle-même dans l'unicité de sa nature formelle, tandis que les autres beaux objets participent tous de la nature dont il s'agit en une telle façon que, ces autres objets venant à l'existence ou cessant d'exister, il n'en résulte dans la réalité dont il s'agit aucune augmentation, aucune diminution, ni non plus aucune sorte d'altération » [1].

Au terme de l'initiation érotique, c'est l'absolu du Beau — ce « rêve de pierre... éternel et muet ainsi que la matière » — qui se donne dans sa majesté et sa transcendance. Le démon amour, par des voies différentes, est le compagnon du génie philosophique : l'un et l'autre sont d'abord dans le dénuement et le calcul ; tous deux risquent de se perdre dans la recherche forcenée que leur position intermédiaire implique ; mais s'ils parviennent à connaître leur vocation, alors ils

1. *Ibid.* 210 *e*-211 *b*.

parviennent à leur terme qui est aussi leur réussite :
ils en arrivent à cet état qu'obscurément ils visaient,
chacun selon sa méthode : la contemplation de l'Absolu...

Le *Banquet* et le *Phèdre* administrent donc une double
leçon. Ils mettent en évidence en premier lieu une
pratique ou, mieux, cette *psych-agogie*, une discipline
de l'âme grâce à laquelle celle-ci parvient à se détourner
du sensible, à se libérer de ses appétits, à user de son
dynamisme pour aller plus loin et plus haut. Pour se
préparer à philosopher, à penser le monde selon la
science, il faut penser autrement la relation de l'homme
à soi-même et aux choses, il faut s'exercer à *se conduire*
d'une manière différente. A cet égard, l'exemple de
l'amour est particulièrement révélateur : de l'amour,
il y a une interprétation « gauche » dont les éloges pro-
noncés au banquet nous donnent divers échantillons ;
il y a aussi une interprétation « droite » qui présente
le fils d'*Expédient* et de *Pauvreté* comme un auxiliaire
puissant pour celui qui s'engage sur la route du Savoir.
Mais ces dialogues n'indiquent pas seulement une méthode : ils amorcent déjà une analyse du contenu de
la doctrine. Dans le *Phèdre*, rappelons-le, est développé
un mythe sur la nature de l'âme. Dans *Le Banquet*,
l'ascèse que pratique l'amant qui connaît l'objet véritable de l'amour esquisse la théorie platonicienne des
étapes de la connaissance et des degrés de l'Être.

L'Amour est philosophe. Aimer comme il convient,
c'est déjà philosopher...

En s'exerçant aux « droites » amours, l'homme se
connaît comme son âme. En se connaissant comme son

âme, en affirmant avoir de celle-ci une conception correcte, il s'exerce à l'immortalité. La mort. Voici un autre thème sur lequel la tradition religieuse, la poésie, le sens commun, les faiseurs de discours dissertent à l'envi.

Cependant, l'abondance de cette littérature parvient mal à masquer le fait déterminant : à l'idée de la mort est associé irrémédiablement un sentiment de terreur. Devant elle, les hommes sont comme les enfants devant le croquemitaine : ils construisent des représentations, des fantômes qui suscitent une peur panique. Cébès et Simmias, les deux interlocuteurs principaux de Socrate dans le *Phédon*, deux hommes de sens et de raison, demandent au Maître de les traiter précisément comme des enfants, tant ils craignent de n'être pas convaincus par les démonstrations qu'on leur propose et de retrouver, sitôt l'entretien terminé, leurs anciennes frayeurs...

La mort est bonne, affirme Socrate, et singulièrement pour celui qui croit à la signification de la droite philosophie. Pourquoi donc s'affliger lorsqu'on doit disparaître alors qu'il réalise la meilleure opération qu'on puisse espérer ? Pourquoi pleurer ? Pourquoi déplorer son sort ? Pour apprendre à s'arracher au sensible, il faut s'habituer à penser autrement la mort. De même que la vraie compréhension de l'Amour conduit à la connaissance du Beau et, de là, à la saisie des Essences, de même la réflexion sur la mort permet non seulement de vivre de façon différente sa propre vie, mais encore de s'exercer dès maintenant à éprouver cette immortalité, gisant divinement et en dépit des apparences, au creux de nos agitations sensibles.

On l'a dit souvent : le *Phédon* est moins un texte consacré à la démonstration didactique qu'un exercice

spirituel proposé, dans des circonstances particulièrement douloureuses, à des amis. Il s'agit moins d'y prouver la pérennité de l'âme que d'accumuler, pour des
esprits encore accablés par les craintes qu'engendre la
primauté des appétits, des « vraisemblances » engageant
chacun à se conduire d'une manière telle qu'il découvre,
en soi-même et de soi-même, le *projet d'immortalité.*

En fait, il semble, en schématisant le dernier discours
de Socrate, que celui-ci, qui va mourir, propose à ses
frères qui sont encore vivants quatre niveaux d'existence. A chacun de ces niveaux se dévoile une façon
de penser la réalité et de se conduire qui est comme
une promesse d'éternité. Les perspectives offertes se
confirment les unes les autres et chacune approfondit
la précédente. Et l'exposé s'achève par un mythe géo-
graphique grandiose qui précise, pour l'imagination
avide d'être rassurée, les étapes du merveilleux voyage
dans l'au-delà auquel seront appelées les âmes qui
auront « parié » sur l'immortalité...

Dans un premier moment, Socrate dégage, pour ses
disciples, la signification profonde de l'attitude philosophique ; cela est bien connu : le philosophe est
distrait, maladroit dans son comportement, il se préoccupe peu des avantages matériels, il méprise les plaisirs corporels parce qu'il constate que ceux-ci prennent
bientôt une place exorbitante et se développent au
détriment de la pensée. Cette négligence des choses
d'ici-bas est même un des arguments préférés par le
sens commun lorsqu'il veut moquer la « carrière » du
philosophe. Et, de vrai, cet argument serait pleinement
justifié et les sarcasmes populaires légitimés si le philosophe, au fond, n'était animé d'une espérance. En

se détournant du sensible pour faciliter l'exercice de
l'âme, en choisissant le chemin de la pureté, le philosophe signale que, pour réaliser son objectif, pour atteindre à la connaissance de ce qui est véritablement, il
faut, dès maintenant, se faire moribond et consentir
à séparer ce qui appartient à l'âme et ce qui ressortit
au corps. Il prend un risque considérable : il décide
qu'il a une âme, que celle-ci peut connaître selon la
vérité ; et, de plus, il adopte une attitude telle qu'il
pose ce postulat étonnant : cette connaissance peut
être, dès maintenant et dès ici, praticable et, au moins
partiellement, réussie. Il dépasse, en les niant, en les
récusant, deux attitudes couramment adoptées : celle
des « Fils de la Terre » qui n'attendent d'autres satis-
factions que celles que peuvent procurer la puissance
et la jouissance sensibles, celle des « religieux mysti-
ques » qui attendent la mort pour que soit donnée la
possibilité de contempler l'Être. En se « sacrifiant »,
en renonçant à l'entraînement des passions, il annonce
ceci qu'il ne peut certes prouver, mais sur quoi son
existence porte témoignage : il y a, en l'homme soumis
aux délices et aux frayeurs qu'impose le corps, une
exigence de connaissance qui le conduit à se vouloir
âme, à croire qu'en se recueillant en soi, il se fait âme
et accède, du même coup, à un statut et à un monde
ayant pour nature caractéristique de ne pas participer
à cette dégénérescence qui atteint, de toute évidence,
ce qui appartient au régime corporel.

Mais peut-être ce risque pris par le philosophe est-il
ce qu'il désire ? N'est-ce pas se conduire comme un enfant que de privilégier une espérance qui préoccupe seulement certains esprits « originaux » ? N'est-ce point s'a-

bandonner à une croyance injustifiable que d'accorder une importance décisive à une exigence à laquelle — l'expérience sociale le prouve — l'immense majorité n'accorde pas sa foi ?

Admettons que l'analyse précédente n'ait pas été convaincante ; reconnaissons qu'elle accumule les postulats (ou, si l'on préfère, les « options existentielles ») ; revenons-en à l'expérience commune. Il est reconnu que l'âme, dont il est dit que l'homme la possède et l'éprouve, est *principe de vie*. Sur ce point, la tradition religieuse, la pensée populaire, l'enseignement nouveau (qui, quoi qu'il prétende, est tributaire de l'une et de l'autre dans la mesure où il n'en est que la négation abstraite et forcenée) s'accordent. Une fois n'est pas coutume ; et cette coutume est un défi. Que veut-on dire, en effet, lorsqu'on tient pour évidente la notion d'une réalité qui, en soi et de soi, porte la vie ? Que cette réalité maintient contre les principes de destruction le pouvoir vital et le fait triompher. Raisonnons par l'absurde : supposons qu'il n'y ait aucune force qui possède la capacité de résister. Tout déjà serait retourné au néant. Il n'en est rien : il faut donc supposer que, comme à son contraire, s'oppose constamment à la puissance négatrice un dynamisme qui fait resurgir la vie. De même que veille et sommeil se succèdent, de même il est nécessaire d'admettre qu'après mourir survient revivre et ainsi de suite... Les esprits religieux ne se trompent pas lorsqu'ils pensent que la vie engendre la mort, que, réciproquement, des morts doivent naître des vivants et qu'ainsi se développe un cycle éternel de générations au cours duquel des âmes se réincarnent en des « vies » successives. Elles expriment cette vérité que l'examen dialectique peut établir : le couple de contraires que le sens commun nomme *vie* et *mort* n'a de sens que s'il se découpe sur cet horizon de *vie immortelle* dont nous éprouvons qu'il est le statut même de l'âme, puisque nous constatons que dépérir et mourir appartiennent à la nature du corps.

L'argumentation, toutefois, demeure trop générale : bien qu'elle fasse appel à une expérience décisive, elle mêle d'une façon encore imprécise le vécu et la démonstration dialectique. C'est avec des thèmes qui restent trop étroitement liés à l'existence sensible qu'elle s'organise. Un meilleur arrachement, un plus efficace détour seront donnés si l'on reconnaît que — de l'aveu même des opinions multiples — l'âme est *aussi principe de connaissance*. L'âme est ce qui fait que, dans la perception, il y a toujours autre chose que la simple image de la chose perçue et que celle-ci, au moment même où elle est donnée, « fait penser » à quelque autre objet. Ainsi l'image de la lyre suggère celle de son possesseur, ainsi la perception des choses égales, des morceaux de bois, des pierres, nous renvoie immanquablement à l'idée de l'*Égal*, « comme tel ou en soi ». Dire que l'âme est principe de connaissance, c'est donc, en quelque manière, affirmer qu'elle est en relation avec de semblables idées. Or, ces idées, comme celles de l'Égal, ont ceci de propre qu'elles sont nettement définies, qu'elles demeurent, sous quelque rapport qu'on les considère, identiques à elles-mêmes. Si nous avons ces idées, c'est, de toute évidence, parce que le spectable sensible, en nous présentant de tels rapports *de fait*, nous invite à les concevoir : nous percevons que deux morceaux de bois sont égaux, et du coup, nous pensons la relation d'égalité. Et, cependant, nous ne nous y trompons pas : nous savons que les deux morceaux de bois sont égaux pris d'une certaine manière alors qu'ils sont inégaux pris d'une autre manière ; la relation d'égalité, elle, reste identique à soi, quels que soient les points de vue et les circonstances.

La leçon est parlante : nous avons besoin de la sollicitation du sensible pour qu'apparaisse, en nous et pour nous, l'idée grâce à laquelle la perception est, déjà et nécessairement, une connaissance. Mais l'idée *doit* préexister, nous devons la posséder — au moins implicitement — pour qu'elle se manifeste au sein de l'expérience. Nous percevons que des choses sont égales (ou inégales). Ce n'est pas de la perception de ces choses que nous tirons l'idée d'égalité ou d'inégalité, puisque, en elles-mêmes, ces choses sont égales (ou inégales) sous certains aspects, inégales (ou égales) sous d'autres. Si nous les percevons comme telles, si nous jugeons qu'elles sont telles, c'est que nous avons à notre disposition une notion qui nous permet de le faire, une notion qui est antérieure au contact sensible que nous avons avec les choses.

D'où tenons-nous cet arsenal mental ? Ce ne peut être de l'expérience sensible puisque celle-ci — pour être ce qu'elle est — le présuppose. Il faut donc qu'il y ait une autre expérience, antérieure logiquement et chronologiquement. On doit supposer qu'avant de connaître ici-bas, l'âme a perçu — au sein d'un autre registre perceptif et combien plus important ! — ces idées grâce auxquelles notre connaissance est ce qu'elle est. Ainsi le fait que le *sentir*, pour nous maintenant, soit déjà un *connaître* implique que l'âme — ailleurs et auparavant — a connu. Pour elle, s'instruire, c'est se souvenir. Son éveil est un réveil. Elle prend occasion des matériaux que lui offre la confusion exigeante du sensible pour réactiver une expérience d'intelligibilité qu'elle était en train d'oublier, qu'elle aime et qui lui appartient en propre.

Il est donc nécessaire qu'avant d'exister ici-bas avec le corps l'âme ait vécu ailleurs dans un monde différent de celui-ci, où elle a vu les Idées (convenons, avec la tradition, d'honorer désormais le terme d'une majuscule qui signale typographiquement la majesté et la splendeur de l'intelligible). Puisque la connaissance suppose la réminiscence, il faut admettre non seulement que l'âme préexiste à cette vie-ci, que sa naissance est, en fait, une renaissance, mais aussi, étant donné la solidarité du couple de contraires, vie-mort, qu'elle subsiste après la disparition du corps.

L'homme connaît : dans cette mesure, il se place déjà au-delà des vicissitudes du sensible ; il se constitue comme être qui, voulant l' « omnitemporalité » de la connaissance vraie, s'essaie, du même mouvement, à l'immortalité. Celle-ci, d'ailleurs, est impliquée dans l'essence même de l'âme. Ce serait anticiper sur la suite de cet exposé que d'évoquer les analyses du *Phédon* préfigurant les démonstrations de *La République* et présentant les traits principaux de la doctrine des Idées. Il suffit de rappeler que, pour compléter l'argumentation précédente et lui donner tout son poids, Socrate met dialectiquement en évidence le fait qu'il est de la nature de l'âme de *participer* à l'immortalité. Si l'on admet, contre les « physiciens » qui prétendent rendre compte du réel en se référant, à titre de principe explicatif, à quelque principe matériel — comme l'eau, l'air ou le feu — et qui finalement ne font que décrire sans rien légitimer,

contre Anaxagore lui-même qui invoque bien l'Esprit,
mais qui ne pense guère à lui lorsqu'il s'agit d'assurer
l'intelligibilité de telle ou telle réalité singulière et en
revient bientôt, en ce cas, à l'explication « physicienne »,
que le seul moyen de « sauver » le monde phénoménal
soumis au flot destructeur du devenir, c'est-à-dire de
préserver les bribes de rationalité qui subsistent en lui,
c'est de la comprendre comme *participant*, comme *ayant
part* à l'univers des Idées ou des Essences, alors on se
rend capable de comprendre — entre autres réalités —
ce qu'est effectivement l'âme. De même que le corps est
de l'ordre de ce qui se détruit, de même l'âme est *dans
la parenté* de ce qui subsiste éternellement. Si elle est
bien, comme chacun en convient, principe de vie, il est
de toute évidence qu'elle ne peut en aucune manière
recevoir une qualification qui contredise à cette attribution essentielle. Or, la vie s'oppose à la mort. L'âme
— pour qui sait penser à la fois le langage et l'expérience
— ne peut être conçue que comme non mortelle. La
logique ici vient soutenir la croyance...

Peut-être, à la lecture de cette partie du *Phédon*, par
ailleurs si admirablement convaincant, on trouvera
quelque chose comme une abondance raisonneuse. On
s'apercevra bien vite qu'en présentant ainsi le « testa-
ment » de Socrate, Platon vise moins à accumuler des
raisons qu'à appeler l'esprit à une autre pratique intellectuelle, à le mettre sur le « long chemin », à l'embarquer
pour ce qu'il nomme, dans ce dialogue même, « la
deuxième navigation ». Nous naviguons en prenant pour
repères de notre itinéraire les messages contradictoires
et confus que nous adresse l'appétit : nous disputons de
la vie et de la mort en croyant que le vivre et le mourir

ont pour unique signification celle qui nous est donnée ici
et maintenant ; nous avons peur et nous ne nous guéris-
sons de nos effrois qu'en nous réfugiant en des croyances
justifiées... Acceptons de ne plus avoir en nos sentiments
cette confiance exorbitante : reconnaissons-nous comme
âme qui pense. Nous nous mettrons ainsi dans la disposition d'entreprendre un autre voyage, combien plus
enrichissant! Nous aurons d'autres feux et d'autres
signes pour nous guider. Et, en apprenant à savoir que
vivre selon la connaissance, c'est vivre dans la perspective
de l'immortalité, nous commencerons à comprendre
non seulement que mourir n'est pas ce qu'une
opinion terrorisée (ou faussement rassurée) en pense,
mais aussi que le vivre ici-bas peut, dès maintenant,
pourvu qu'on parvienne à se libérer des sollicitations
passionnelles, impliquer — par la médiation de la pensée
vraie — une insertion dans l'immortalité.

Il est certes nécessaire d'apprendre à penser et à vivre
autrement Éros et Thanatos. L'expérience affective et
intellectuelle ainsi réalisée est fructueuse. Il serait bon
toutefois de s'en prendre aux principes mêmes qui sont
à l'origine des conceptions fausses du sens commun,
c'est-à-dire à l'éducation courante. On a vu que cette
dernière s'était progressivement transformée à Athènes
durant le ve siècle : au mode de formation traditionnel
visant à faire de bons athlètes et des guerriers valeureux,
ayant appris dans les sentences de poètes et des « sages »
à respecter les dieux et à honorer les ancêtres, s'est sub-
stituée peu à peu une culture « moderne » mettant
l'accent sur l'importance de l'intellectualité, des connais-

sances générales et de la parole. Or, qu'elle soit « an-
cienne » ou « moderne », l'éducation puise, de manière
différente mais toujours aussi abondante, au sein du
matériau poétique. Les œuvres des poètes, celles d'Homère, d'Hésiode, de Pindare, de Théognis, d'Archiloque
constituent sa référence constante...

Or, la poésie, celle-ci que lègue le passé ou celle-là
qu'inventent aujourd'hui les auteurs tragiques ou
comiques, est génératrice de ces mauvaises habitudes
qui enfoncent l'homme dans le bourbier du sensible et
contribuent à le rendre toujours plus tributaire de son
univers passionnel. Le grief majeur qu'on peut lui
adresser, c'est de donner une fausse idée des dieux et
du sacré. Le divin est son objet privilégié : on lui confère
une valeur formatrice, on considère qu'elle excelle
à la tâche de manifester, en des raccourcis symboliques et dramatiques, des modèles ou des exemples indiquant ce qui est le fond même de l'existence.
Or, jadis, naguère et maintenant, elle manque à sa
mission : du divin, de ce qui est toujours et suprêmement, elle ne donne qu'une *image* ; et cette image est
un *mensonge*.

Ce mensonge a les conséquences les plus fâcheuses ;
il fait apparaître le non-sens de la culture « à la mode ».
Reprenant des thèmes qu'avait esquissés Hérodote, qui
y mêlait maintes survivances de la tradition, et qu'avait
développés avec une extrême fermeté Thucydide, Platon condamne le récit légendaire comme récit menson-
ger. Les dieux que présentent les poètes, ce ne sont que
les projections agrandies et, par conséquent, déformantes,
burlesques de la situation de l'homme soumis à la dérision et à la violence. Les images que magnifient les

poètes en les sacralisant et en les proposant comme
normes ne font que répéter, en leur donnant une plus
grande amplitude, les désordres de la situation actuelle.

Les poètes sont responsables de nos terreurs et de
nos joies fausses. Ils se veulent éducateurs et on les
prend pour tels. Or, les scènes qu'ils décrivent, les his-
toires qu'ils nous content développent, en les accentuant,
les travers constatés ici-bas. Voyons-les à l'œuvre et,
singulièrement, Homère et Hésiode que l'on tient pour
les maîtres admirables. Sur l'Olympe, tel qu'ils le voient,
règnent la tyrannie, la violence et l'injustice. Non seulement les dieux se passionnent pour les antagonismes
humains et y participent, mais encore ils se livrent les
uns aux autres des guerres sans merci, s'exercent à la
vengeance, s'abandonnent aux intérêts les plus sordides.
Veulent-ils triompher des mortels — comme si le statut
divin, qui requiert l'immuable perfection, permettait
cet avatar! — ils usent de la technique misérable des
métamorphoses. Tout comme les hommes, mais dans
une démesure insupportable, ils mentent, se laissent
aller au désespoir et s'enivrent.

S'agit-il des héros dont se réclament les peuples et
que les cités proposent à l'admiration? Ils viennent,
sur la scène dramatico-poétique, pillards, bavards,
vantards, riant et pleurant plus fort qu'il n'est de raison, intempérants, avides, sensuels, affublés de tous les
défauts caractérisant l'homme vicieux. En un mot, des
caricatures. Platon multiplie les exemples : toutes les
citations données, empruntées tant aux poètes anciens
qu'aux dramaturges contemporains, tendent à prouver
qu'il est de la nature de l'exercice poétique de *falsifier
le divin,* de donner de ce dernier une version telle que

le vulgaire y verra une occasion de justifier ses passions et l'intellectuel une raison de tenir pour dérisoire le sacré et ce qu'il implique.

Car cela précisément est en question : la poésie, qui joue — ou croit jouer — avec les images (nous verrons plus tard, en analysant le rôle singulier que Platon donne au mythe, la place qui revient légitimement au symbole, à l'allégorie, à la métaphore et au récit légendaire, c'est-à-dire à l'*imaginaire contrôlé* au sein de la démonstration), procède d'une *erreur fondamentale* qui est significative, dans le domaine du discours, de toutes les erreurs que l'homme peut commettre. Son mode d'expression propre, c'est l'*imitation*. Le poète tragique, en particulier, est satisfait lorsqu'il a réussi à imiter, par la mélodie et le rythme qu'il impose à son texte, par le contenu qu'il offre, les sentiments, les pensées de héros qu'il fait parler. Il croit, parce qu'il se modèle sur une nature, qu'il dit la vérité et, du même coup, qu'il enseigne...

Comparons-le, pour mieux comprendre à quelle aberration il s'abandonne en procédant ainsi, à cet autre « poète », à cet autre « fabricant » qu'est le peintre... Le peintre, qui est situé ici et non point là, voit un lit de cette manière et s'attarde, de ce point de vue, à en reproduire les lignes et les couleurs. Son œuvre *imite*, sans se soucier tellement de ce qu'elle imite, de ce lit qu'on pourrait percevoir autrement et qui a été construit par tel artisan, dans telles circonstances et avec un projet déterminé. Personne n'hésitera à reconnaître que la reproduction picturale du lit n'est qu'un aspect maladroitement et partiellement représenté de ce qu'est le *lit sensible*, celui que d'autres pourraient percevoir sous d'autres éclairages et avec d'autres intérêts... Mais l'artisan lui-même est un imitateur : en fabriquant cet objet et quelles qu'aient été alors ses motivations, il était guidé pas un schéma idéal qui réglait ses mouvements de construction. Il *imitait*, lui aussi, une essence du lit, à laquelle, plus ou moins adroitement, il parvenait à se conformer. La théorie de la connaissance platonicienne, dont nous n'avons présenté jusqu'ici que des bribes et que nous examinerons dans les pages suivantes, établira pleinement ce point. Il nous suffit maintenant de savoir qu'aux yeux de Platon le vice essentiel de la poésie, qui apparaît singulièrement dans la présentation qu'elle donne les dieux, est d'être, pour ainsi dire, une *imitation au carré!*

Le monde sensible est, par rapport à l'univers des Idées, un mensonge donné ; sur lui se greffe un mensonge *voulu*, la poésie, l'art en général qui redoublent en la magnifiant l'aberration perceptive. Sans doute ici-bas faut-il se résoudre à *imiter*... Mais les artistes qui ignorent tout du vrai modèle imitent n'importe quoi, le bon et le mauvais, le juste et l'injuste et, du coup, les séductions qu'ils exercent et l'apparente spiritualité qu'ils véhiculent contribuent à embrouiller un peu plus les âmes. Tels sont Homère, Hésiode et leurs émules ; tels sont aussi les poètes tragiques et comiques qui flattent en l'homme les impulsions les plus viles et pervertissent le sens du sacré. Que la poésie se tienne à sa place! Qu'elle accepte le contrôle de ceux qui savent et, puisqu'il faut bien imiter, qu'elle apprenne à copier à bon escient. Il y a, il peut y avoir un bon usage de la poésie. Il y a un excellent usage de la musique. Quels sont-ils ? Entendons la prescription de Socrate : « Dès lors, à ce qu'il semble, un homme ayant le pouvoir, conditionné par un talent, de se diversifier et d'imiter toutes choses, un tel homme, s'il parvenait à entrer dans notre Cité avec l'intention d'y présenter au public et sa personne et ses poèmes, nous lui ferions une profonde révérence comme à un personnage sacré, hors pair, délicieux, et, d'autre part, nous lui dirions qu'il n'y a pas chez nous d'homme comme lui dans la Cité, et qu'il n'est point permis qu'il en vienne à s'y produire ; nous l'éloignerions en direction d'une autre cité, après avoir sur son chef répandu du parfum et l'avoir couronné de laine! Nous autres, lui dirions-nous, c'est d'un poète plus sévère et moins aimable que nous aurions besoin, faiseur de fictions pour un motif d'utilité ; qui pour nous imiterait la façon de s'exprimer de l'homme de bien ; qui, lorsqu'il parle, ferait entrer ses paroles dans le cadre de ces formes que nous avons en commençant promulguées en lois, lorsque nous entreprenions de faire l'éducation de nos soldats » [1].

Bref, la poésie ne vaut que si elle accepte d'être servante de la philosophie. Telle qu'elle est pratiquée, elle fausse le sentiment et oblitère l'esprit. Comprendre la perversion qu'elle introduit, la vouloir différente, c'est se mettre sur le chemin d'une autre éducation qui prendra comme repères, non le flou des images, mais la rigueur des Idées. Et ainsi, très tôt, dès l'origine en somme, Platon avertit le philosophe qu'il a à se défier de la poésie, de l'entreprise artistique, que celles-ci sont seulement, en fin de compte et parce qu'elles usent, elles aussi, de la puissance du symbole, des « phi-

---

1. *La République, III*, 398 ab.

losophies manquées ». L'art et la poésie ont la prétention d'éduquer, de révéler, de signaler des réalités exemplaires : en fait, ils jouent inconsidérément des mauvais attraits du sensible. La poésie supportable est celle
que pratiquera le musicien se conformant au programme
pédagogique défini par le magistrat-philosophe. Et,
s'il est une bonne poésie, c'est celle qu'exercera le philosophe lorsque les exigences et les difficultés de la
connaissance l'obligeront à user du *mythe*. Nous y
reviendrons.

Si nous entrevoyons encore très mal le terme de cette
« seconde navigation » que nous propose le *Phédon*,
nous commençons à en comprendre le sens. L'opinion
étant neutralisée par la technique ironique de Socrate
— on pourrait dire mieux : par cette ironie antitechni-
que —, il s'agit d'en venir au positif, d'user du dialogue
de manière telle que s'annonce la libération de la
Raison, du *logos*, partie divine de l'homme. Le moyen
de cette efficacité à laquelle il n'est pas sûr que le
Socrate historique ait atteint, Platon s'emploie à le
définir. En souhaitant qu'aux opinions communes concernant l'Amour, la Mort et les Immortels se substitue
une conception plus sérieuse, plus foncièrement *réaliste*,
il indique que le détour indispensable consiste d'abord
à comprendre selon un autre système de référence le
rapport de l'homme avec l'homme, avec soi-même et
avec autrui. La célèbre formule de Socrate : « Connais-
toi toi-même », a été interprétée de multiples manières ;
elle sert, en particulier, naguère et aujourd'hui, à couvrir
les pires platitudes introspectives et « humanistes ».

Sans doute signifie-t-elle, plus simplement et plus profondément, aux yeux de ceux qui l'avaient prise alors pour principe, que l'individu, afin d'assurer son autonomie et sa satisfaction, doit savoir ce qu'il veut vraiment quand il veut, ce à quoi le destine son statut d'homme. Sans doute veut-elle dire que le chemin de l'Être authentique et de la conduite bonne passe par une correcte appréciation de la relation que chacun entretient avec ce qu'il est et avec ce que sont ceux avec qui il est en société.

En d'autres termes, « le long détour » est celui du dialogue. Ce que Platon invente et qui est l'institution même de la philosophie, c'est que le terme médiat grâce auquel doit être révélé ce qu'il en est de l'Être et ce qu'il en est de l'homme *est* l'homme même en tant qu'il entre, en sachant ce qu'il fait, dans la nécessité du dialogue. *Le dialogue est la relation vraie.* Apparemment, selon une pseudo-nature, le rapport décisif se manifeste comme rapport de puissance ou de violence. Gorgias, sans agressivité, Pôlos, Calliclès, Thrasymaque, eux avec une force non contenue, s'opposent au naïf Socrate qui croit à la vertu de la parole. Ils ont expérimenté, directement ou indirectement, les possibilités indéfinies de jouissance qu'offre l'exercice lucide de la violence... Ils ont des preuves historiques : témoin cet Archélaos qui, parjure et assassin, est devenu, contre toute « justice », souverain de Macédoine et profite des plaisirs que procure le pouvoir absolu.

Toutefois, ils discutent avec Socrate. Celui-ci mettant en question leurs croyances, ils jugent nécessaire de se justifier et d'expliquer pourquoi ils pensent et agissent ainsi et non pas autrement. Du coup, ils sont

perdus. Ils se sont engagés, croyaient-ils, dans un jeu
convenu : ils n'ont pas compris que le type de dialogue
imposé par Socrate les réduisait à une *défensive* qui,
déjà, signifie clairement *défaite*. Aussi bien Calliclès
est-il contraint, dans le *Gorgias*, d'admettre, face à la
rigueur de l'argumentation de Socrate, qu'il n'a plus
de ressources et que le seul élément décisif auquel il
puisse recourir désormais, ce sont les « porte-gourdins »...

L'alternative est sans équivoque : entre la violence
et le dialogue, entre celui pour qui la parole est seulement un cri de colère, de passion ou une injure, et
celui à qui, à chaque instant, il importe de savoir ce
qui est dit, pourquoi cela est dit et ce que cela veut
dire, il faut choisir. Le détour est celui-là : se confier
à la vertu du dialogue, la laisser agir pleinement, c'est
d'abord comprendre les impasses de l'opinion ; c'est
aussi et surtout instaurer entre les hommes une relation
nouvelle permettant à chacun de se débarrasser de ses
inclinations fugaces et de la tyrannie dérisoire des
intérêts. Des textes comme le *Phédon*, *Le Banquet*, le
Phèdre, le *Gorgias*, le premier livre de *La République*,
bien qu'ils se distinguent des textes dits socratiques
par ce qu'ils administrent de leçon positive, ne font
rien d'autre que mettre en évidence ce qu'impliquait
déjà la négation ironique. Celui qui consent à parler
et accepte de prendre en considération l'objection qui
lui est faite se libère de soi, de la vulgarité des sentiments, des attachements passionnels, de la peur de
la mort, du poids des traditions incontrôlées, du faux
lyrisme que véhicule la vie quotidienne. Il aperçoit
que derrière le discours qui, peu à peu, dans le dialogue,
s'élabore, se profile un autre monde que ce théâtre

d'ombres où se débattent les fades et noires silhouettes des individus enfermés en leurs certitudes et livrés à leurs appétits.

Essayons de parler de cette découverte en des termes plus philosophiques — plus proches de ceux qu'emploie la philosophie moderne : en un premier temps, Platon oppose à la particularité des opinions antagonistes, source du malheur et de l'injustice, la possibilité d'une universalité pacifiante ; cette universalité, il est aberrant de penser qu'elle pourra résulter du rapprochement ou de la combinaison des points de vue contradictoires (l'échec de la démocratie en témoigne) ou qu'elle viendra d'un *fait*, une technique politique, par exemple (l'impérialisme athénien n'a jamais eu aucune possibilité de triompher durablement) ; si elle a quelque chance de se réaliser, c'est en réalisant ce donné pauvre, mais incontestable : l'homme parle, ne cesse de parler et de vouloir, quand il parle, avoir raison ; l'universalité sera de l'ordre du discours, un discours capable de révéler les carences de l'opinion et de s'instituer ainsi en juge (de définir des critères de jugement).

Dès lors, en un second temps, Platon, fort de l'expérience de Socrate, s'essaie (ou feint de s'essayer) à la mise en œuvre d'un semblable discours. Il se détourne pratiquement des opinions reçues et tente de tirer les enseignements de ce changement d'optique... Or, en tâchant d'élaborer un discours universel positif, il s'aperçoit (ou feint de s'apercevoir) que celui-ci n'a de sens que si l'on suppose un autre statut de l'Être et de l'homme. Dans le fait que l'homme dialogue est impliquée l'existence d'une autre nature de l'homme et d'un autre registre de l'Être. L'universalité du discours —

du juge devant amener la paix — n'est concevable que
si l'homme cesse de croire aux séductions inconsistantes
du sensible... Ou bien l'homme violent qui veut maintenant la jouissance a raison — et l'expérience montre
que cet homme-là est finalement malheureux et me-
nacé — ou bien il y a un autre système de référence,
une autre essence de l'Être et de l'homme, conférant
réellement au discours d'universalité son poids et sa
signification.

Il *faut* que la seconde éventualité soit la bonne. S'il
n'en est pas ainsi, tout se perd et se dissout dans un
univers sans hiérarchie où l'homme n'est plus qu'un
animal parmi les autres, à peine plus perfectionné, et
où la parole n'est qu'un bruit. Il le faut : cela veut
dire que l'homme, passionnément, avec cette passion
concertée que donne le sentiment de la perte et de
l'espérance de la reconquête, doit vouloir son âme
immortelle, des amours « platoniques », des dieux justes
et bons... Le troisième temps de l'opération salvatrice
définie par Platon, dès lors, se dessine : puisque l'homme
est inscrit naturellement dans l'ordre du discours, il
est nécessaire que ce dernier trouve à l'extérieur de
soi son fondement et que l'homme y accède. Le *discours
universel*, quand même on parviendrait à l'élaborer,
resterait sans portée réelle, sans efficacité s'il n'était
pas *discours vrai*, s'il ne signalait pas clairement l'Être
dont il est expression convenable.

Le *détour* précisément consiste en cela, en ce passage
de la notion d'*universalité* — impliquant seulement un
rapprochement de l'homme avec l'homme, une relation
d'accord entre individus — à celle de *vérité* — signifiant
un rapport d'identité entre la Pensée et l'Être. L'opé-

ration est indispensable : on ne peut pas penser sérieusement qu'une relation de transparence — reprise et comprise, apportant une satisfaction durable — s'instaure si l'on ne suppose pas qu'au-delà du sensible existe un critère, un juge objectif, irrécusable, permettant de faire le départ entre les séductions de la rhétorique et les démonstrations de la philosophie. Il ne suffit pas d'en appeler au désir d'immortalité, aux inclinations de l'amour idéal, à l'exigence de perfection divine : il faut encore qu'il soit établi que l'âme est immortelle, que le corps compte moins que l'âme et que la poésie est mensongère... La philosophie s'infléchit en métaphysique : elle a besoin d'un arrière-monde, d'un au-delà plus réel que cette réalité qui est là. Elle a besoin de vérité...

La théorie du discours institue une théorie de l'Être. Et, en même temps que l'on passe de la notion d'universalité à celle de vérité, on ajoute à l'idée de légitimation celle de *fondement*. S'il est juste d'affirmer que la dialectique, la science du dialogue, est capable d'élaborer un discours universellement recevable, alors il faut admettre que la parole révèle quelque chose d'autre que ce monde-ci, quelque chose de plus important, dont nous avions à peu près complètement oublié l'existence et dont maintenant il va être question.

C'est donc à l'Être même que nous conduit le détour : c'est lui qui se profile dans sa majesté lorsque des expériences comme celles que proposent *Le Banquet* et le *Phédon*, lorsque l'apprentissage du dialogue auront permis à l'esprit de se libérer de sa sujétion au sensible.

CHAPITRE QUATRIÈME

Ce qu'il en est de l'Être

Il est opportun, au début de ce chapitre, de rappeler un trait caractéristique de l'œuvre platonicienne, trait que nous signalions dès l'*Introduction*. Il va être question ici de la métaphysique de Platon, de sa théorie de l'Être et du Connaître, de son analyse abstraite de l'Ame et du Monde, bref du système conceptuel tel qu'il est présenté dans les dialogues de la maturité. Nous allons devoir user de termes que la tradition latine, puis scolastique a consacrés : nous évoquerons l'Être, le Phénomène, l'Idée, la Forme, l'Un, le Multiple, le Même et l'Autre ; et, du même coup et quoi que nous fassions, nous allons nous rendre tributaires d'habitudes mentales qui risquent, à chaque instant, de nous faire oublier la vraie résonance du discours platonicien. Lorsque Platon écrit, ces mots ont encore toute leur fraîcheur et leur puissance de dévoilement ; ils ne sont pas encore catalogués, étroitement définis, rangés selon de strictes hiérarchies. *To on* — l'Être —, par exemple, désigne *ce qui est* dans le jaillissement originaire, ce à quoi on peut et doit faire confiance, ce sur quoi on peut s'appuyer pour exister soi-même comme il convient. De même, *physis* — la

nature —, ce n'est certes pas le monde physique tel qu'il
est compris depuis la révolution galiléo-cartésienne, mais
une force qui s'empare de la réalité, qui est en son creux,
l'anime et la fait croître ou dégénérer. De même encore,
to phainoménon — le phénomène —, terme que nous
sommes tentés de prendre dans le sens kantien, veut
plutôt dire : ce qui de soi-même se manifeste, ce qui cha-
toie dans la perception... Aussi bien, dans ce qui suit,
afin de rappeler à l'esprit du lecteur la jeunesse, la
vigueur et l'invention du texte platonicien, nous auto-
riserons-nous quelquefois, quitte à alourdir le style, à
user de périphrases tendant, dans la mesure où cela est
possible, à faire resurgir pour l'homme contemporain les
significations que recueillait l'auditeur du jardin d'Aca-
démos.

Pour que le discours universel ait un sens, pour que
le pari philosophique ne soit pas absurde, il faut que
l'*universalité* soit *fondée* en *vérité*. La métaphysique survient lorsque la pratique du discours — du dialogue —
débouche sur ce dont il est question finalement dans le
discours, c'est-à-dire sur l'Être. L'ordonnance de *la
République*, le texte le plus long, le plus concerté et le
plus didactique de Platon, fait de la théorie de l'Être
le pivot de la démonstration. Il s'agit, au début, de savoir ce qu'est l'existence juste. Peu à peu, poussé par
des interlocuteurs que la fausse bonhomie de Socrate
rend de plus en plus exigeants, le porte-parole de Platon
est amené à présenter l'image de la Cité idéale, de l'éducation qu'il conviendra de donner à ceux qui auront à
charge de la protéger, de définir la nature vraie et la

fonction correcte du philosophe, à revendiquer pour ce dernier — ce point constituant la condition *sine qua non* de la réalisation de la justice — la magistrature suprême. Mais, comme pris par une pudeur agressive, il diffère la grande « révélation ». Il faut bien qu'il y vienne, cependant... Et, mêlant la technique démonstrative, l'image et l'allégorie, désormais, brutalement, il expose sa conception de l'Être.

Soit un segment de droite divisé harmoniquement en quatre parties, de telle sorte que

$$\frac{\overline{AD}}{\overline{DB}} = \frac{\overline{AC}}{\overline{CD}} = \frac{\overline{DE}}{\overline{EB}}$$

Ce schéma géométrique, pour simplifié qu'il soit, permet d'entrevoir ce qu'il en est fondamentalement de l'Être. $\overline{AC}$ représente *les copies* : « Par copies j'entends premièrement les ombres portées, en second lieu les images réfléchies sur la surface de l'eau et sur celle de tous les corps qui sont à la fois compacts, lisses et lumineux... [1] » La partie $\overline{CD}$ renvoie aux « animaux de notre expérience et, dans son ensemble, à tout le genre de ce qui se procrée et de ce qui se fabrique » [2], c'est-à-dire à la réalité naturelle telle qu'elle se donne dans la perception et dans l'activité banale. Ainsi $\overline{AD}$ constitue la

1. *La République*, *VI*, 510 *a*.
2. *Ibid.*,

section de ce qui est visible : c'est le monde perçu. $\overline{DB}$, c'est l'intelligible, ce qui est seulement sensible à l'« œil de l'âme », à l'esprit. Mais, à l'intérieur de cette partie, il convient d'introduire une division qui « ressemble » à celle que nous venons d'opérer au sein du sensible : « Dans une des sections de l'intelligible, l'âme, traitant comme des copies les choses qui précédemment étaient celles que l'on imitait, est obligée dans sa recherche de partir d'hypothèses, en route non vers un principe, mais vers une terminaison ; mais, en revanche, dans l'autre section [ici $\overline{EB}$], avançant de son hypothèse à un principe anhypothétique, l'âme, sans même recourir à ces choses que justement, dans la première section, on traitait comme des copies, poursuit sa recherche à l'aide des natures essentielles, prises en elles-mêmes, et en se mouvant parmi elles » [1].

Glaucon, l'interlocuteur de Socrate, ne comprend pas bien. Et celui-ci lui explique que les concepts dont usent les savants, le pair et l'impair, les différentes figures, les diverses sortes d'angles sont, à leurs yeux mêmes, de l'ordre de la *convention*. Ils ne croient pas devoir en rendre raison : ce qui les préoccupe, c'est ce qu'on en peut tirer, et leur seul souci est, ces points de départ étant posés, de rester en accord avec eux-mêmes. Il n'en est pas ainsi de l'autre section de l'intelligible, « celle qu'atteint le raisonnement tout seul, par la vertu du dialogue, sans employer des hypothèses comme si elles étaient des principes, mais comme ce qu'elles sont en effet, savoir des points d'appui pour s'élancer en avant » [2]. Ce vers quoi l'âme s'élance alors, c'est vers

1. *Ibid.*, 510 *b*.
2. *Ibid.*, 511 *bc*.

l'anhypothétique, vers ces natures essentielles qui, sans
nul recours au sensible et par la seule médiation de la
dialectique, se donnent, dans la contemplation, comme
leur propre fondement et trouvent en elles-mêmes leur
propre légitimation, vers les Idées...

A chacune des sections correspond, dans l'âme qui
connaît, « l'existence de quatre états : "intellection"
(noèsis), la section supérieure ; "discursion" *(dianoia)*
pour la seconde ; à la troisième on attribue le nom de
"créance" *(pistis)*, et à la dernière celui de "simulation"
(eikasia) [1] ». Entre ces états, il y a, bien sûr, le même
rapport harmonique qu'entre les divers degrés de la
réalité. Car c'est bien cela au fond que propose l'image
géométrique utilisée par Platon : un classement hiérar-
chisant les modes d'être de l'Être et les manières de
connaître correspondant à chacun d'entre eux.

Au plus bas niveau, les « reflets » naturels, l'imagerie
et toutes ces copies qui nous abusent et qui jouent, au
sein du monde perçu, la même fonction néfaste que
l'art parmi les disciplines éducatives. Ce sont des imitations déformantes, fugaces, trompeuses et affadissantes
qui reproduisent malignement les traits, les couleurs et
la lumière des objets qu'elles imitent. Celui qui leur
ferait confiance et qui prétendrait conduire sa vie et
ses pensées en se fondant sur elles, l'opinion commune
aurait raison de le traiter de fou. Et, cependant, il est
à peine plus fou que ceux qui accordent leur foi à la perception et au monde qu'elle révèle.

La réalité sensible est l'objet immédiat : elle s'impose
d'elle-même comme constituant le tout de l'Être ; elle

1. *Ibid.*, 511 *de.*

inspire la confiance même. Il semble bien que, s'il y a
du savoir, c'est sur elle que le savoir portera. On comprend clairement, dès lors, la thèse de Théétète qui
répond, lorsque Socrate l'interroge sur la nature de la
science, que celle-ci est, dans son fond, *sensation* : de
toute évidence, en effet, « celui qui sent sent ce qu'il
sent » [1]. Et Protagoras, lorsqu'il affirmait que « l'homme
est la mesure de toutes choses », ne faisait que traduire
théoriquement une impression commune et décisive,
à laquelle, finalement, chacun s'abandonne : « Telles
que " m'apparaissent " à moi les choses en chaque cas,
telles elles " existent " pour moi ; telles qu'elles t'apparaissent à toi, telles pour toi elles existent » [2]. Or, il est
de fait que, par exemple, au souffle du même vent, l'un
frissonne et non l'autre. Que dirons-nous donc de ce
souffle de vent, « envisagé tout seul et par rapport à
lui-même ? Qu'il est froid, ou qu'il n'est pas froid ? Ou
bien en croirons-nous Protagoras : qu'il « est " froid "
pour qui frissonne et ne l'est pas pour qui ne frissonne
pas » [3] ? En réalité, cette conception qui identifie l'être
et l'apparence, qui tient la sensation pour infaillible,
conduit à une contradiction telle qu'il faut supposer
qu'une théorie plus profonde la soutient et la légitime.

Cette théorie, elle correspond à un enseignement ancien, celui de poètes comme Homère et Épicharme ou
de sages comme Héraclite et Empédocle. S'il est vrai
que ce qui est et ce qui apparaît sont une seule et même
chose et que la sensation est science, alors il faut reconnaître qu' « il n'y a rien qui soit individuellement lui-

1. *Théétète*, 151 *e*.
2. *Ibid.*, 152 *a*.
3. *Ibid.*, 152 *b*.

même et en lui-même ; rien non plus que tu puisses désigner à bon droit, pas davantage qualifier d'aucune façon que ce soit ; que, au contraire, si tu attribues la qualité de grand à un objet, c'est aussi bien petit qu'il apparaîtra, et léger si tu le qualifies de lourd ; et ainsi de tout sans exception, attendu qu'il n'y a pas d'existence individuelle, pas d'existence, ni d'un être, ni d'une qualification quelconque de cet être ; mais c'est de la translation, du mouvement, du mélange réciproque, que résulte tout ce dont nous disons qu'il " est " ; ce qui est une désignation incorrecte, car rien n' " est " jamais, mais " devient " toujours » [1].

L'empirisme absolu qu'implique l'identification du monde *sensible* au monde *réel* conduit au mobilisme universel. Cette thèse, de bons esprits la soutiennent et savent mettre à la défendre de grands raffinements. On est certes tenté, à première vue, de la rejeter avec des arguments simples : on opposera, en particulier, à l'idée que la sensation est science cette autre idée que, dès lors, tout s'égalise, que n'importe quel jugement vaut n'importe quel autre et qu'après tout le babouin en « sait » autant que le sage. C'est aller trop vite, et un Protagoras n'aurait guère de mal à se justifier : il est bien juste de dire que ce que ressent chacun au moment où il le ressent est incontestablement vrai. Cela ne signifie pas toutefois que tous ces sentiments aient la même *valeur*. Le sens commun le sait bien qui choisit, dans la multiplicité des opinions, ce qu'il y a de plus utile, de plus sain, de plus efficace. Et si, couramment, on préfère, pour guérir une maladie, le sentiment du méde-

1. *Ibid.*, 152 *de.*

cin à celui du non-médecin, c'est qu'on a expérimenté que le premier porte des jugements plus efficaces que le second...

Il faut aller plus loin et s'attaquer à la seconde instance de la théorie : celle de l'homme-mesure, mise en question qui va permettre de contester cette notion d'utilité que Protagoras substitue à celle de la vérité. Car c'est bien à cette opération, au fond, que procède le sophiste : lorsqu'il affirme à la fois que chaque homme a sa vérité et qu'il a raison d'y croire, il se met dans la situation de celui qui reconnaît que son *dire* est autant de fois contesté qu'il y a de gens qui tiennent des propos différents, ce qui ne peut manquer d'arriver. Et, s'il est conséquent, il doit bientôt admettre — lui qui se veut averti — que sa propre opinion n'est vraie ni pour ceux qui ont l'opinion contradictoire, ni pour lui qui admet la validité, la légitimité de cette contradiction. L'idée même de vérité est ainsi ruinée, cela est clair.

Admettrons-nous, pour autant, que nous sommes plus à l'aise lorsque nous nous référons à la *valeur* de celui qui juge ? Le jugement d'utilité, nous ne pouvons en éprouver la justesse que dans la mesure où nous nous en rapportons au futur. Or, en ce domaine, à chaque instant, qui va décider et selon quel critère, aussi bien en ce qui regarde la médecine qu'en ce qui concerne la législation des cités ? Chacun, y compris celui qui affirme — comme Socrate — qu'il n'est détenteur d'aucune science d'aucune sorte, pas même celle que lui apporte ses sensations [1] ? Décidément, il est nécessaire d'en arriver à la théorie fondamentale, celle du mobi-

1. *Ibid.*, 179 *b*.

lisme universel : il faut « examiner cette théorie de la mobilité essentielle de l'Être, en la frappant du doigt pour voir si elle sonne le bien entier ou, au contraire, le fêlé. Quelle que doive être l'issue de l'épreuve, autour de la thèse, un combat s'est engagé, qui n'est pas peu de chose et qui ne met pas non plus peu de gens en présence ! »[1].

« Beaucoup de gens », sans doute, sont « en présence » ! Héraclite et Parménide, leurs disciples et nous-mêmes, qui, bien souvent, croyons que le concept et la réalité de notre progrès règlent le problème du rapport de l'homme au temps et au savoir. Laissons Parménide, toutefois, maintenant, car il faut d'abord que soient réfutées les conceptions fâcheuses que soutiennent les héraclitéens et qui ferment toute possibilité au développement du discours. Avec Parménide, la discussion est d'un autre ordre et bientôt nous l'aborderons. Acceptons donc que rien n' « est », que tout « se meut ». « Le point de départ de la recherche relative au mouvement, c'est de savoir de quelle sorte de chose ces gens peuvent bien parler en définitive, quand ils prétendent que tout se meut [2] ». S'agit-il de mouvement de translation — d'un corps qui va d'un lieu à un autre — ou du mouvement d'altération qui fait que ceci, par exemple, de blanc devient noir ? Les mobilistes doivent avouer qu'il s'agit, à la fois et indifféremment, de l'un et de l'autre. Et, s'ils veulent être conséquents, ils doivent même refuser l'idée que *ceci* qui était *là* vient *ici* — ce serait admettre l'immutabilité de *ceci* — ou que *cela* devient autre — ce serait alors reconnaître que *cela* est référence,

1. *Ibid.*, 179 *d.*
2. *Ibid.*, 181 *bc.*

c'est-à-dire critère et juge du changement... Mieux même, leur volonté de ne rien immobiliser les contraint à considérer que ce par quoi *ceci* est ainsi — blanc ou noir, ici ou là — à savoir la sensation, est de soi-même variable... Bref, « à supposer que soient mues toutes choses, toute réponse, quel que soit le sujet sur lequel on réponde, est pareillement juste, qu'elle consiste à dire : « il est ainsi », aussi bien que « il n'est pas ainsi » [1].

Les mobilistes peuvent, certes, parler : ils sont condamnés à ne rien dire qui vaille : ils sont pires, en fin de compte, que les sophistes puisqu'ils ne croient même pas à l'utilité de la communication par la parole : « Jamais, discutant avec aucun d'eux, tu ne viendras à bout de rien, pas plus d'ailleurs qu'eux-mêmes discutant les uns avec les autres » [2]. Le cercle est refermé : par quelque côté qu'on prenne le problème, toute théorie assimilant monde *sensible* et monde *réel*, *apparaître* et *être* — du brutal Pôlos aux subtils héraclitéens en passant par le politique Calliclès — en vient à s'interdire, quoi qu'on fasse et quelle que soit l'exigence d'un discours accordé qui habite tout homme digne de ce nom, de proférer la moindre parole. On en arrive à confondre l'homme avec l'animal ou avec le Barbare, avec celui qui parle sans savoir que parler, c'est contrôler le discours.

On peut, bien sûr, en rester là et se résoudre à ce statut de para-animalité. On peut ruser, comme le font les interlocuteurs de Socrate dans le *Théétète*, pour trouver des substituts. Quelque ingéniosité qu'on y mette, on n'éludera pas l'alternative fondamentale : ou bien

1. *Ibid.*, 183 *a*.
2. *Ibid.*, 180 *a*.

il y a seulement le sensible — cela que chacun perçoit selon ses dispositions et les circonstances singulières — ou bien *l'intelligible est plus réel...*

L'intelligible ? Cela précisément qu'on pense lorsqu'on parle et qu'on prend pour juge de ce qui est dit. Les « savants » — non point ces charlatans qui spéculent sur les étrangetés du monde physico-sensible pour faire valoir leurs ingéniosités empiriques, mais essentiellement les mathématiciens — utilisent l'intelligible. Sous l'impulsion des grandes spéculations pythagoriciennes, les mathématiques, au cours du ve siècle et en ce premier tiers du ive siècle, ont considérablement progressé : Théodore de Cyrène, Théétète, Archytas de Tarente, plus tard Eudoxe de Cnide définissent de plus en plus clairement les problèmes et la terminologie arithmétique et géométrique et accumulent les matériaux qu'élaborera Euclide à la fin du siècle. Mais, surtout, ils mettent en évidence ce fait que la solution la plus efficace des questions pratiques posées à l'urbanisme, par exemple, exige une construction théorique portant sur des éléments abstraits ayant valeur d'universalité. Cependant le mathématicien, lorsqu'il consent à reconnaître l'insuffisance essentielle du sensible et à promouvoir la réalité de l'intelligible, ne sait pas bien ce qu'il fait. Il croit être au terme de l'opération libératrice, celle qui conduirait à la science même, au discours universellement recevable. Il se trompe partiellement et, quelle que soit l'influence que le pythagorisme secret ait pu avoir sur la formation de la pensée de Platon, il est évident que cette mise en question de la conception « mathématicienne » de l'univers signifie, pour lui, une rupture décisive avec le projet pythagoricien.

« Nul n'entre ici s'il n'est géomètre », telle aurait été
la prescription exigée à toute participation aux travaux
de l'Académie ; et de savants ouvrages ont réussi souvent à nous persuader qu'en fin de compte le platonisme
n'a été qu'un pythagorisme intelligent, traduisant en
des formules plus acceptables et mieux adaptées à l'é-
poque un message ésotérique et mystique beaucoup
plus ancien. Que le pythagorisme ait été pour beaucoup
dans l'élaboration de la pensée platonicienne, cela paraît difficilement contestable. Que l'enseignement mathématique ait été une des pièces maîtresses de la formation académique, cela aussi doit être, semble-t-il, admis.
Il reste que, selon Platon, la réflexion sur l'intelligible
mathématique — pour excellente qu'elle soit en son
genre — demeure un moyen.

En effet, « ceux qui travaillent sur la géométrie, sur
les calculs, sur tout ce qui est de cet ordre..., une fois
qu'ils ont posé par hypothèse l'existence de l'impair et
du pair, celle des figures, celle de trois espèces d'angles,
celle d'autres choses encore de même famille selon chaque discipline, procèdent à l'égard de ces notions comme
à l'égard de choses qu'ils savent ; les maniant pour leur
usage comme des hypothèses, ils n'estiment plus avoir
à en rendre nullement raison, ni à eux-mêmes, ni à autrui, comme si elles étaient claires pour tout le monde ;
puis, les prenant pour point de départ, parcourant dès
lors le reste du chemin, ils finissent par atteindre, en
restant d'accord avec eux-mêmes, la proposition à l'examen de laquelle ils ont bien pu s'attaquer en partant »[1].

Il est admirable que Platon ait si précisément défini

1. *La République*, *VI*, 510 *cd*.

— meux peut-être que Descartes, Pascal et Leibniz —
un statut de la mathématique qu'accepterait la recherche contemporaine. La mathématique est hypothético-
démonstrative : elle pose axiomatiquement un certain
nombre de propositions et demande qu'on les tienne
pour vraies. Il ne lui importe pas de les justifier : elle
les tient et, contrainte de les tenir pour *évidentes*, elle se
préoccupe seulement d'en développer les conséquences.
Son critère, c'est la cohérence, l'accord avec soi-même...
Elle ne saurait en avoir d'autre dans la mesure où, com-
prenant la signification de l'universalité, elle ne pense
pouvoir atteindre cette dernière qu'en réclamant une
adhésion préalable qu'elle considère (ou feint de considérer) comme inessentielle.

Elle est de plain-pied avec l'exigence de non-contradiction du *logos*, avec la nécessité logique. Comme telle,
elle est formatrice, elle apprend à la pensée à ne se point
satisfaire des approximations de la perception, à vouloir
une mise en ordre qui fasse se correspondre le contenu
de l'expérience et l'expression langagière. Elle appelle,
de soi-même, à un dépassement. Certes, pour qu'elle
ait cette valeur éducative, il importe qu'on la conçoive
correctement. Lorsqu'il compte l'arithmétique et la géométrie parmi les sciences « éveilleuses » grâce auxquelles
les futurs gardiens-magistrats de la Cité idéale appren-
dront à se libérer de la sujétion du sensible, Platon insiste sur le fait qu'on ne doit point entendre ces disciplines comme des techniques permettant de réussir plus
efficacement ces opérations empiriques que sont les calculs du commerçant ou les mesures de l'arpenteur, mais
comme des spéculations intellectuelles trouvant dans
leur propre exercice leur légitime achèvement.

Toutefois, la pensée ne peut en rester à ce stade. Peu conscient de son pouvoir serait l'esprit qui accepterait de s'enfermer dans les limites d'hypothèses non légitimées. La position même d'hypothèses implique qu'on requiert, au moins implicitement, une réalité anhypothétique, une réalité qu'on puisse tenir pour fondement ultime. Le monde intelligible — le monde des Idées ou des Essences — existe : il le faut pour que l'homme soit sauvé du désagrément et de la dérision ; il le faut pour que la parole — attribut essentiel de l'homme — acquière sa vraie portée. Qu'en est-il cependant de cet Être que l'exigence du désir humain pose comme raison et comme fait dernier ? Comment en pouvons-nous parler, nous qui sommes dans le « tombeau » du sensible ? Nous savons seulement que cette « autre section de l'intelligible », nous ne pouvons l'atteindre que par « le raisonnement tout seul, par la vertu du dialogue, sans employer les hypothèses comme si elles étaient des principes, mais comme ce qu'elles sont en effet, savoir des points d'appui pour s'élancer en avant »[1].

La théorie platonicienne des Idées est le fondement même de ce courant de pensée qu'on appelle *la méta-physique*. Dans la mesure où ce courant a été le sujet d'inventions diverses et l'objet d'interprétations multiples, il va de soi que l'existence et la nature de l'Idée ont été comprises, selon les époques et les penseurs, de manière différente. A vrai dire, les textes

1. *Ibid.*, 511 *b*.

platoniciens sont tels qu'ils autorisent cette multiplicité de lectures et que ceux qui se félicitent (ou s'indignent) de voir le platonisme instaurer la tradition du substantialisme ou du réalisme ont autant de raison de le faire que ceux qui se félicitent (ou s'indignent) de le voir assurer les droits imprescriptibles du dynamisme spirituel contre toute « chosification » — serait-elle « chosification » de l'Idée ! En fait, toute qualification moderne est anachronique, en ce domaine, et l'opération qui consiste à ranger Platon dans une école — au sens scolastique et scolaire du terme — école réaliste, idéaliste, spiritualiste, est absurde. Quand on procède ainsi à cette réduction, séduisante, sans doute, puisqu'on se redonne un ami puissant (quand on se veut platonicien) ou un ennemi intéressant (quand on s'institue en critique du platonisme), on s'inscrit dans la pauvreté des catégories définies par la scolastique. On oublie l'enjeu du combat que menait Platon et ce qu'il tentait d'imposer en défendant l'hypothèse des Idées.

On oublie que Platon — parce qu'il était, en partie, en deçà de cette problématique philosophique et historique spécifiée et, en partie, au-delà — n'avait pas à défendre *une* philosophie (parmi les autres), mais la philosophie même. Il s'agissait pour lui de faire valoir, contre les violents, contre les silencieux, contre les mal satisfaits, la possibilité d'un discours universel, d'un discours s'imposant comme vrai. L'hypothèse des Idées n'a pas d'autre signification et, en elle, toute cette signification se manifeste...

Il importe peu, dès lors, que l'Idée soit entendue tantôt comme un genre (tirant, au fond, sa consis-

tance de ce dont il est le genre), tantôt comme une
réalité donnant être et sens à ce qu'elle engendre ;
qu'elle soit comprise comme *archétype* ou comme
cause ; qu'elle soit tenue pour un fait lié au statut de
l'âme ou comme une donnée transcendante à cette
dernière. Toutes ces interprétations sont correctes,
sans doute ; aucune ne s'impose, aucune prise isolément, ne rend compte ni de l'invention platonicienne
ni de son destin exemplaire.

Ce qu'il faut assurer, c'est la possibilité du jugement
de vérité : or, pour que l'attribution d'une qualité à
un objet ait un sens, il est nécessaire que celui-ci
possède réellement cette qualité : il est nécessaire que,
« en eux-mêmes et pour eux-mêmes, les objets possèdent une certaine constance de leur réalité ; qu'ils ne
soient pas, par rapport à nous et par notre moyen, tirés
en haut, en bas, avec l'image que nous nous en faisons ; mais que, au contraire, par eux-mêmes et par
rapport à eux-mêmes, ils possèdent l'exacte réalité
originale de leur nature »[1]. Telle est la première fonction de l'Idée (ou, si l'on préfère, de la Forme, Platon
utilisant les deux termes dans des acceptions que nous
pouvons tenir pour identiques) : si une chose sensible a une propriété que l'on puisse durablement lui
reconnaître, il faut qu'elle *participe* à une réalité
déterminée et permanente justifiant cette relation
de fait. Cette présence nécessaire de l'Idée que nous
constatons dans l'opération judicatoire, elle est manifeste aussi lorsque nous considérons l'activité artisa-
nale : l'ouvrier qui construit une navette ou un lit

1. *Cratyle*, 386 *e*.

doit avoir une règle qui lui permette de diriger ses gestes.

Ainsi, non seulement l'Idée (de grandeur, de petitesse, de justice, de méchanceté) est ce à quoi participe l'objet sensible, elle en est aussi le *modèle* : c'est bien là ce que signifie la proportionnalité géométrique développée dans *La République* que nous signalions au début de ce chapitre. Si la chose perçue possède une qualité essentielle, c'est dans la mesure où, à sa manière, elle imite une réalité que copient également les autres choses ayant essentiellement cette même qualité. Ce qui définit donc, à première vue, l'Idée, c'est sa validité *générale*. C'est là toutefois une détermination extérieure. Pour qu'elle puisse assurer pleinement sa fonction, elle doit exister tout entière hors du monde sensible, hors du devenir. Les propriétés qu'elle possédera devront être antithétiques de celles qui caractérisent ce monde-ci. Ce dernier est fluent, constamment soumis à la dégénérescence : l'Idée est *immuable* ; il est entremêlé et confus, mélangeant sans ordre des qualifications inessentielles : elle est *pure* ; il est maladroitement complexe comme une suite d'ombres aux contours mal dessinés : elle est *simple* ; il est dépendant, à l'égard de soi et de l'intelligible, précisément : elle est indépendante, elle n'existe ni par rapport à ni en autre chose qu'elle-même, elle est *en-soi*. Bref, elle est *séparée* ou *transcendante*, ce dernier terme impliquant non seulement l'idée d'une coupure, mais aussi celle d'une supériorité.

Ainsi l'Idée est l'envers de la chose et c'est à considérer cet envers comme l'endroit authentique qu'invite la philosophie. Sans le soutien de l'Idée — comme

modèle (ou *archétype*) ou comme ce à quoi on participe —, ce monde-ci demeure un chaos impensable et
invivable. Et, comme nous le notions à propos du
Phédon, la référence à l'horizon de l'intelligibilité est la
condition sans laquelle il est impossible de vivre humainement ici-bas. Il faut donc que l'Idée soit connue.
Cependant, n'y a-t-il pas là une contradiction difficile à accepter? Comment l'Idée peut-elle être à la
fois *en-soi* et *pour l'homme*? Peut-elle être simulta-
nément absolue — coupée de toute relation — et relative? Cette question, Platon la pose : « Pardon! fit
Socrate : à moins que, Parménide, de ces Idées
chacune ne fût une pensée, et que nulle part il ne lui
convînt de venir à l'existence que dans des esprits »[1].
Elle ne paraît pas l'inquiéter exagérément. Il l'évoque
en passant et ne lui accorde pas l'importance que lui
conférera la théorie de la connaissance moderne, prise
au piège de la polémique opposant idéalisme et réalisme et qui n'est, au fond, que l'expression de l'an-
tagonisme introduit par le christianisme entre l'intérieur et l'extérieur, entre la subjectivité et le monde...

Feignant de jouer ce jeu moderne, Hegel a biffé
d'un trait de plume le problème : il faut bien, note-
t-il, que l'absolu soit aussi relatif, sinon il lui manque-
rait une détermination, invalidant, de ce fait, l' «abso-
luité » même. Pour que l'absolu ait un sens, il doit se
montrer. Platon le dit clairement : il se montre à l'âme,
à la partie divine de l'homme. L'hypothèse des Idées
a pour corrélation nécessaire l'existence en tout
sujet d'un principe assurant la communication de

1. *Parménide,* 132 *b.*

l'homme et de l'intelligible. Nous analyserons, dans le chapitre suivant, la conception platonicienne de l'âme. Il est suffisant, pour l'instant, de souligner la connivence qu'établit le philosophe entre « la partie divine » de l'homme et l'intelligible : sans l'âme, les Idées seraient, mais leur majesté resterait non dite ; l'âme qui est, *pour-nous*, leur principe ne l'est pas *en-soi*, puisqu'elle les trouve déjà là comme condition de son existence même. Traduisons dans un langage plus moderne : sans des hommes qui pensent, il n'y aurait ni la culture ni la science ; mais la science et la culture dépassent chacune de ces pensées ; elles dépassent la pensée même, puisque, sans référence à elles, celle-ci serait dénuée de tout sens.

L'existence immuable, éternelle, de l'intelligible, dans l'impérissable splendeur que confèrent la simplicité et la pureté, est la condition de la parole, c'est-à-dire de l'existence humaine se reconnaissant comme telle. Mais, du coup, deux séries de problèmes se posent qu'il faut tenter de résoudre. Il est nécessaire de poser l'être des Idées, certes ; mais, d'une part, quel est donc le rapport de cet intelligible à ce monde-ci, dans lequel nous vivons ? et, d'autre part, quelle est la structure interne de cet univers au-delà qui ne se livre qu'à « l'œil de l'âme » ?

Avant d'exposer les réponses que Platon donne à ces questions, il importe de préciser un point décisif. L'Idée, lorsqu'elle se montre, se donne comme une *théôria*, dans une contemplation. Comme telle, elle est — à la limite — ineffable ; elle s'éprouve et permet

de vivre *autrement* ; elle ne saurait être un *objet*,
c'est-à-dire la matière d'une démonstration ; elle
est — pour user de la terminologie moderne — le sujet
par excellence, et le langage que nous utilisons ici-
bas n'est guère capable d'en exprimer la vraie nature.
Pour parler de l'Idée, dès lors, pour en faire comp-
prendre le statut à ceux qui ont oublié qu'ils l'ont
jadis et ailleurs contemplée, il faudrait employer des
subterfuges. Et le bon subterfuge, c'est le *mythe*.

Au ve siècle s'est développé un courant rationa-
liste qui est résolument antimythique : Hérodote
déjà, mais surtout Thucydide opposent le *logos* — la
raison — à la légende. Platon lui-même se dresse
vivement contre les récits des poètes qui puisent
dans la tradition et présentent une image fausse de
la divinité. Cependant, non seulement — comme
nous l'avons vu — il existe un bon usage de la poésie,
mais encore le mythe fournit au philosophe un expédient légitime : lui qui sait pourra, par son moyen,
commencer à expliquer aux aveugles, aux myopes
que nous sommes, ce qui ne se peut montrer vraiment
qu'au terme d'une ascèse corporelle, affective, intellectuelle dont l'analyse du *Phédon* nous a déjà fourni
un modèle. La technique des images, des symboles,
des allégories, la dramatisation qu'introduit le mythe
permettent de *suggérer* ce qu'il en est de l'être authentique. Utilisé par le non-philosophe, le mythe pro-
page l'erreur ; employé par le philosophe, il est une
voie d'accès à la vérité.

Il est sans doute inutile de rappeler ici la célèbre
allégorie de la caverne qui ne fait que reprendre
dramatiquement le schéma abstrait autour duquel

nous avons axé notre chapitre. Ces ombres projetées
sur le fond de la caverne, c'est le monde naturel, celui
que nous percevons. Ces prisonniers qui sont enchaînés
à leur place et auxquels un carcan interdit de tourner
la tête, c'est « à nous qu'ils sont pareils »[1]. La fascination qu'exerce sur ces malheureux le jeu dérisoire
des silhouettes imprécises, elle révèle notre état, l'état
de ceux que paralysent leurs intérêts sensoriels et leur
affectivité mal réglée. Que le démon personnel — que
la chance — apprenne à l'un d'entre eux à tourner
la tête, à ne pas se laisser prendre au piège de l'apparence et à ses séductions, celui-là fera tout pour se
libérer, pour se débarrasser de ses liens, car, en se
retournant, il aura été saisi par le *soupçon* qu'il y a
un être, de l'être, autre que celui auquel, dérisoirement et dans la contradiction, il accorde aujourd'hui
sa confiance. Il se hissera, lors d'une escalade difficile,
jusqu'à la révélation primordiale : mal réveillé d'abord
de ce mauvais sommeil, il hésitera avant de comprendre
dre que ce spectacle auquel sa naissance l'a accoutumé
n'est qu'une malfaçon, une copie ; mais bientôt il
saura qu'il ne s'agissait là que d'un théâtre d'ombres ;
il croira que les décors que transportent arbitrairement des régisseurs irresponsables constituent la réalité même ; et ce grand feu, grâce auquel cette machi-
nerie se projette sur le fond de la caverne, il pensera
qu'il est lumière et vérité. Il sera comme ces savants
qui se satisfont de poser des axiomes et jugent que le
seul développement de leurs hypothèses abstraites
est, en soi, une légitimation. Mal habitué (ou ré-ha-

1. *La République, VII*, 515 *a.*

bitué) à l'intelligible, il ne pourra accepter longtemps
cette solution. Il voudra aller de l'avant. S'il a ce courage, il accédera bientôt au vrai monde, celui où brille
le soleil du Bien ; il verra les originaux sur lesquels
ont été modelés les décors dont les reflets obscurs apparaissent aux prisonniers. Il comprendra qu'il a été
doublement joué : gravement par ceux qui —
dans leur aveuglement — ont pris pour juge l'ordonnance contingente et fugace des ombres, moins gravement par ceux qui — dans leur suffisance — ont considéré comme réalité des objets seconds et fabriqués.
Il s'absorbera dans la contemplation de ce qui est au
plus haut point et ne souhaitera rien d'autre que cette
saisie immédiate. Et, cependant, il ne pourra oublier
ceux qu'il a laissés, enchaînés dans la caverne, qui
continuent sottement à régler leur vie en fonction
de ce dérisoire défilé d'ombres. Il redescendra dans la
caverne. Jeté dans la pénombre et les yeux pleins
encore des splendeurs qu'il aura regardées, il se
conduira maladroitement et commettra des bévues. Les
prisonniers se moqueront de lui : s'il insiste et s'emploie
activement — comme Socrate — à les libérer, ils n'hé-
siteront pas — afin de sauvegarder leur ignorante
tranquillité — à le mettre à mort. Ils s'en débarras-
seront...

L'allégorie de *La République* développe une pensée
analogique : elle joue constamment le jeu de la métaphore, du glissement de sens, et nous aurons bientôt,
par exemple, à nous demander ce que signifie cette
assimilation du Soleil et de l'Idée du Bien... Le *Timée*,
qui tente aussi d'élucider la relation du sensible et de
l'intelligible, procède autrement : il adopte — en

l'assortissant de démonstrations étonnamment rigou-
reuses — une autre technique : celle de *l'image arti-
sanale*. Sans doute ne s'agit-il là que de « comparai-
sons vraisemblables »[1]. Elles ont au moins autant de
valeur que les hypothèses émises par d'autres physiciens et d'autres penseurs et ont, contrairement à
ces dernières, le mérite de rendre compte de la nature
de la connaissance. Suivons donc Timée : le Monde,
celui qui est donné dans la perception, naît, se transforme et meurt ; il existe mal (ou maladroitement),
mais il existe ; il faut bien qu'il ait une cause. Compre-
nons à quelle causalité exigeante il répond...

Son existence suppose — pour qui veut réfléchir,
c'est-à-dire, en ce domaine, *imaginer sérieusement* —
trois éléments : un modèle à partir de quoi il a été
construit, un matériau dans lequel cette construction a été opérée, un ouvrier qui a réalisé cette opération. Le modèle ne peut être qu'éternel, impérissable,
sinon il ne pourrait jouer son rôle paradigmatique.
L'analyse des modalités de la connaissance prouve,
d'ailleurs, hautement, que c'est le monde même des
Idées dont le *Ménon*, le *Phédon* et *La République* ont
établi la nécessité positive : « Si l'intelligence et l'opinion vraie sont deux genres distincts, il faut accorder
l'être à ces objets en soi, réalités que nous ne pouvons
percevoir, mais concevoir seulement »[2].

C'est en contemplant cet intelligible qui toujours
« est » de façon identique que l'ouvrier a forgé cet uni-
vers-ci. Qui est l'auteur et le père de cet univers?

1. *Timée*, 48 c.
2. *Ibid.*, 51 d.

Qui est cet ouvrier? Sans doute, nous dit Platon,
« est-ce un travail que de le découvrir et, une fois décou-
vert, de le révéler à tous, une impossibilité »[1]? Toujours est-il que nous pouvons concevoir son action :
l'Ouvrier divin, usant de sa grande puissance, a com-
posé le sensible en essayant d'y reproduire — autant
qu'il était possible — l'essence et les propriétés des
réalités idéales. C'était là la mission que sa divinité
même lui imposait, et si nous devions reconnaître
qu'il y a ici-bas quelque chose de beau ou — au moins —
qui nous appelle à la beauté, c'est, d'une part, qu'il
s'est acquitté de sa tâche comme il convenait et,
d'autre part, qu'il a bien pris les Idées pour modèle...

Cependant, son travail de modelage s'est heurté
à une résistance : guidé par l'intellect, l'Ouvrier voulait
imposer au monde un ordre, une finalité intelligente :
devant soi, il a trouvé la nécessité, avec laquelle il a
dû composer. Cette nécessité est celle du matériau
en quoi il a réalisé son ouvrage. Le propre de ce monde-
ci, nous le savons, c'est d'être soumis au flux perpétuel
du devenir : au point que nous sombrons dans la confusion lorsque nous disons que *ceci*, par exemple, est de
l'eau ou de la pierre, puisque *ceci*, selon les conditions,
peut devenir liquide ou solide. Il faut donc admettre
qu'existe, en une certaine façon, ce en quoi les objets
sensibles « adviennent sans cesse, où ils trouvent leurs
manifestations singulières, puis d'où ils s'évanouis-
sent »[2] : cette réalité autre, « quelle propriété donc
faut-il admettre qu'elle possède de sa nature? Avant

1. *Ibid.*, 28 *c*.
2. *Ibid.*, 49 *e*.

tout celle que voici : de tout devenir, c'est elle le réceptacle, et comme la nourrice » [1].

« Telle une cire molle, sa nature est prête pour toute
impression ; elle est mise en mouvement et découpée
en figures par ce qui y entre, et elle apparaît de ce fait
tantôt sous un aspect, tantôt sous un autre ; quant à ce
qui y entre et en sort, ce sont des imitations des êtres
éternels, des empreintes provenant d'une manière dure
à exprimer et merveilleuse... » [2]. Ainsi, le *réceptacle* est
aussi le *lieu* : il est, en même temps, cette *matière amorphe* qui reçoit, comme les excipients dont usent les
pharmaciens et les parfumeurs, les qualités qu'on veut
leur donner : ainsi, en disant que « de ce qui est né visible
et plus généralement sensible, la mère et le réceptable
n'est... ni terre, ni air, ni feu, ni eau, ni rien qui soit fait
de ces corps, ni de quoi ces corps eux-mêmes sont faits ;
mais en déclarant que c'est une sorte d'être invisible
et amorphe, qui reçoit tout, qui participe cependant
d'une façon très embarrassante de l'intelligible et se
laisse difficilement saisir, nous ne tromperons pas [3] ».

Le visible est donc un *mixte*. Il résulte de la « participation » ou du « croisement » entre deux ordres : « l'ordre des
êtres qui se conservent identiques, qui ne sont sujets ni à
naître ni à périr, dont nul n'accueille en soi un autre
distinct de lui ni ne se rend lui-même en un autre, qui
sont invisibles et à tout autre sens inaccessibles ; ce
sont précisément ces êtres que l'intellection a pour but
d'examiner » et « celui de la place indéfiniment ; celui-
là ne peut subir la destruction, mais il fournit un siège

1. *Ibid.*, 49 *a.*
2. *Ibid.*, 50 *c.*
3. *Ibid.*, 51 *a.*

à toutes choses qui ont devenir, lui-même étant saisissable, en dehors de toute sensation, au moyen d'une sorte de raisonnement bâtard ; à peine entre-t-il en la créance ; c'est lui, précisément aussi, qui nous fait rêver quand nous l'apercevons et affirmer comme une nécessité que tout ce qui est doit être quelque part, en un lieu déterminé, et occuper quelque place, et que ce qui n'est ni sur terre, ni quelque part dans le ciel, n'est absolument pas » [1].

Comme tel, bien qu'il soit semblable à la réalité idéale, le visible, le sensible, créé par l'Ouvrier divin, est « sujet à la naissance, transporté sans cesse, apparaissant en quelque lieu pour ensuite disparaître ; saisissable par l'opinion accompagnée de sensation [2] ». Cependant, pour mobile et incertain qu'il soit, ce monde-ci, dans la mesure où il obéit, en quelque façon, à son modèle possède un *ordre*. C'est cet ordre que présente le *Timée*, en des propos admirables et difficiles. Nous ne pouvons pas nous attarder à suivre l'analyse cosmologique à laquelle Platon se livre dans ce dialogue. De bons interprètes y ont vu la preuve d'une évolution décisive de la pensée du philosophe : dans les textes concomitants de la fondation de l'Académie, Platon aurait abandonné le sensible, le condamnant à une inintelligibilité radicale que seul le recours aux Idées aurait le privilège de rendre provisoirement supportable ; par la suite, ayant mieux compris la signification que l'attachement de l'homme porte à la réalité perçue, il aurait décidé de « faire la part des choses » et de s'attacher à faire apparaître les

1. *Ibid.*, 52 *a-d.*
2. *Ibid.*

bribes, les images, les configurations de rationalité qui
continuent à dominer ici-bas. D'autres commentateurs
pensent qu'aucune rupture n'intervient, que des dialogues comme le *Timée* et *Le Sophiste* administrent et
prolongent le message contenu dans le *Gorgias* et dans
La République. Faute de savoir ce qu'était l'enseignement réel de Platon — un enseignement que nous ne
connaîtrons jamais — force nous est de nous tenir à
distance de l'une et de l'autre interprétation et de comprendre l'une et l'autre pour aventureuse, quand bien
même chacune donnerait des preuves érudites et abon-
dantes de sa légitimité.

Ce qui est moins aventureux, c'est sans doute de
constater que le *Timée* tente de dissiper, par une description technique, ce que peuvent avoir d'obscur
les notions de participation ou d'initiation. Dire que le
monde a affaire avec l'intelligible revient à reconnaître,
au sein du désordre foncier qu'introduit le *lieu*, une
certaine ordonnance. Ce n'est certes pas que Platon
instaure l'intelligibilité dans l'univers des ombres, une
intelligibilité qui y serait immanente. Il devient simplement possible, quand on a fait le détour par les Idées,
d'avoir avec la réalité perçue, avec le faux être, une
relation qui permet d'y vivre, de s'y conduire sereine-
ment, de savoir qu'au-delà des contradictions se profi-
lent une harmonie, une finalité et un fonctionnement,
ceux qu'empreinte la copie à son modèle.

Au vrai, il parait même que cette cosmologie si subtile et si étrange a un sens polémique : tout se passe
comme si Platon — préoccupé surtout de considérations
logiques et politico-morales — voulait montrer à tous
les « fabricants » de modèles ontologiques — les théori-

ciens matérialistes composant la nature à partir d'éléments indifférenciés, les « physiciens » cherchant la matière ultime à partir de quoi tout s'engendre, les mathématiciens, disciples étroits de Pythagore, se perdant dans la recherche de rapports arithmétiques appliqués abstraitement au concret — que l'hypothèse des Idées, à elle seule, est capable de rendre compte de ce qui apparaît. Le philosophe platonicien joue : il joue à être le plus fort, le mieux renseigné, le plus habile : rien ne manque à sa théorie puisque, grâce à elle, il peut légitimer les interprétations partielles les plus intéressantes qui ont été données jusqu'ici du statut du donné naturel. N'entrons point dans les détails de la démonstration — qui, pour un lecteur moderne, ne peuvent guère avoir de signification : notons seulement qu'en analysant l' « âme du monde » — c'est-à-dire ce modèle, pour ainsi dire second, dérivé des Idées, en fonction de quoi a été animé le sensible par l'action de l'Ouvrier divin — Platon met en évidence la clarté de ses conceptions mathématiques et la richesse d'interprétations qu'elles offrent ; qu'en expliquant comment le chaos s'est organisé en quatre éléments, il va au-delà des spéculations des « physiciens » ; qu'en déduisant la nature des sensations, il relègue à un niveau élémentaire les constructions de ceux qui, médecins ou matérialistes, ont usé de l'explication mécaniste...

Relevons surtout le fait que, dans un dialogue comme le *Timée*, la séparation entre le mythe et le modèle tend à s'abolir. Les récits cosmologiques, ici, nous ne savons plus s'il nous faut les prendre pour des images — symboliques ou polémiques — ou si nous devons les considérer comme des expressions de la réalité même, celle-ci

étant réduite à une plus transparente abstraction. Il
y a, bien sûr, le monde des Idées, le *lieu* et l'agent qui
assurent leur participation. Mais que sont l'Ame du
Monde, les éléments constitutifs, l'Ouvrier divin ? Des
images ou des faits ? Des façons de parler ou des êtres réels ?

Au vrai, la question que nous venons de poser ne
fait que présenter d'une autre manière la difficulté même
du platonisme, celle à propos de laquelle Aristote développera l'essentiel de sa critique, que Platon a pressentie
lui-même dans la première partie du *Parménide* et que
nous avons déjà maintes fois relevée ici, — celle de la
relation du sensible et de l'intelligible : les notions, les
images utilisées dans *La République*, dans le *Timée*, sont
des procédés qui à la fois éclairent et masquent cette
relation puisqu'elles sont des intermédiaires qui n'intro-
duisent aucune médiation. Le *Parménide*, disions-nous,
analyse brutalement cette difficulté : Socrate, en une
brève discussion, vient de triompher de Zénon : celui-ci,
représenté, assez injustement sans doute, par Platon,
comme un disciple peu convaincant de la pensée parménidienne, s'est plu à montrer que si l'Être est multiple,
alors il n'y a plus aucune qualification possible, que tout
s'entrelace en un ballet grotesque de contradictions et
que la même chose peut être dite à la fois semblable et dis-
semblable, gauche et droite, en repos et en mouvement...
Mais Zénon s'est donné trop de facilités : par Être, il a
entendu cela que l'on perçoit et sa thèse, dès lors, ressortit à l'évidence banale : « Ton sujet, c'est avec une
belle vigueur, à mon avis, que tu l'as traité ; bien plus
grand toutefois, je le répète, serait mon ravissement
devant qui serait capable de saisir cette même difficulté
parmi les Idées elles-mêmes, où elles présentent toutes

sortes d'entrelacements et si, de même qu'aux objets
visibles l'a montré votre discours, pareille en ceux aussi
qu'atteint le raisonnement ou nous la révélait » [1].

Intervient alors le vieux Parménide, riche de toute
son expérience, qui fouaille le jeune Socrate, l'engage à
aller de l'avant, à prendre des risques, à s'exposer à l'excès métaphysique. Qu'il ait d'abord le courage de soutenir son hypothèse des Idées séparées, transcendantes
comme objets de la pensée, de la science et qu'il sache
en accepter toutes les conséquences. Et le penseur che-
vronné commence son entreprise de libération : Socrate
pose l'existence d'une Idée, absolue et en-soi, pour le
beau, pour le bien et pour de semblables qualifications.
Voudra-t-il, de la même manière, admettre qu'il y a
« une Idée en-soi de l'homme ou du feu, ou encore de
l'eau » [2]? Déjà Socrate s'inquiète ; mais il consent. Cependant, c'est avec malaise qu'il accueille l'éventualité,
qui n'est après tout que de pure logique, qu'il y ait
semblablement dans l'univers impérissable, transparent
et beau, une Idée du poil, de la boue et de la crasse : « Il
craint d'aller se jeter dans quelque abîme de niaiserie
et de s'y perdre » [3]. Il laisse le problème en suspens et
préfère qu'on en revienne au problème même de l'attribution.

Parménide ne le laisse pas pour autant tranquille et
Socrate se réjouit de cette exigence. Admettons que le
sensible participe à (ou de) l'Idée. Une première question surgit : si l'Idée tout entière est tout entière présente en chacun des objets sensibles qui y participent,

1. *Parménide*, 129 e-130 a.
2. *Ibid.*, 130 c.
3. *Ibid.*, 130 e.

si, par exemple, l'Idée d'animal est présente en chaque homme sensible et en chaque cheval sensible, ne perdra-t-elle pas cette unité qui lui conférait son privilège, ne se monnaiera-t-elle pas en fragments disparates [1] ? Quant à consentir que l'Idée se divise, qu'une de ses parties informe ceci et cette autre cela, l'éventualité en est absurde. Il faut chercher à la notion de participation un autre sens. On peut, par exemple, comparer l'action informatrice de l'Idée à la présence du jour, qui éclaire chaque objet sans pour autant se fragmenter. C'est là sans doute une bonne image, mais elle ne convainc pas Parménide qui voudrait moins de faux-fuyants.

Il souhaiterait savoir comment, grâce à l'hypothèse des Idées, est donnée la possibilité d'un jugement durable : si l'on peut dire que *cela* est grand, c'est que *cela* participe à l'Idée de grandeur, affirme Socrate (comme cette autre chose, tout à fait différente, y participe aussi). Ne faut-il pas, pour que cette conception ait un sens, supposer l'existence d'un « autre grand » que l'âme aperçoive et qui assure la légitimité de la comparaison entre ce grand que je perçois et l'Idée du grand-en-soi... Nous sommes renvoyés à l'infini, car cet « autre grand » lui-même, il faudra pouvoir le comparer à ce dont il assure la grandeur... Si le Socrate sensible tire son existence du Socrate intelligible, on doit bien admettre qu'un troisième Socrate les unit en quelque manière, puis un quatrième et un cinquième qui le mettent en relation avec celui-ci et avec celui-là et ainsi de suite. Aristote, bien sûr, porté par son double souci de ne rien perdre, ni des disponibilités du langage ni des justifications

1. *Ibid.*, 131 *b* et la note de la trad. d'A. Diès, *Belles-Lettres.*

empiriques, donnera à cette réfutation sa portée maximale.

Socrate est réduit à la défensive : la discussion tourne mal. Il évoque la possibilité que l'Idée ne soit rien d'autre qu'une invention de l'âme cherchant à se reconnaître dans la disparité du sensible, qu'elle ait une réalité non pas « ontologique », mais « psychologique » ou « épistémologique », qu'elle soit, comme le dit la pensée moderne, un concept, construit à partir de l'expérience... Parménide n'a guère de difficulté à mettre en lumière le vide et l'obscurité qu'implique une telle perspective (vide et obscurité sur quoi reposent tout l'empirisme et le positivisme philosophiques contemporains, notons-le en passant) : de quoi ce concept sera-t-il concept ? De la diversité chaotique de l'expérience ? Aucune unité synthétique acceptable n'en peut surgir. D'autre chose ? c'est réhabiliter l'hypothèse des Idées.

Cette dernière, décidément, il faut l'admettre, quoi qu'il en coûte. Il en coûte beaucoup. Qu'il y ait donc un monde d'Idées qui garantisse l'objectivité, l'universalité, la vérité de la connaissance! A quoi cela peut-il nous servir, nous qui sommes engagés dans le sensible et qui nous y débattons! Les relations idéelles ou idéales que nous pouvons découvrir, par une purification affective et une recherche intellectuelle forcenées, entre l'Essence-maître et l'Essence-esclave, quel rapport ont-elles avec la situation de ce maître-ci et de cet esclave-là ? « Les formes en soi ne sont... ne sont ni en nous ni susceptibles d'être chez nous »[1]. Finalement, la conception d'un arrière-monde, d'un univers métaphysique, au-

1. *Ibid.*, 134 *b* (trad. A. Diès).

delà de la perception — indispensable au projet de fondation d'un savoir universellement acceptable — conduit à admettre, d'une part, l'existence d'un univers divin, accessible à l'âme lorsqu'elle parvient à la divinité, et, d'autre part, celle d'un monde humain, voué à l'inintelligibilité, que ni les dieux ni la partie divine de l'âme ne peuvent saisir.

Qu'une telle séparation soit reconnue, c'est l'échec radical de Socrate ! C'est l'annonce que la métaphysique est dérisoire, qu'elle est, comme les opinions, comme la religion traditionnelle, de l'ordre de la compensation, une compensation qui administre, au mieux — parce qu'il faut bien parler —, une défaite irrécusable. Cette défaite, Parménide n'accepte pas que le jeune Socrate l'endosse. Il l'engage à poser d'autres questions : Socrate s'est montré l'ami des Idées ; il a prouvé par la résistance, tantôt maladroite, tantôt habile, mais toujours opiniâtre à la mise en question de Zénon et de Parménide, que, selon lui, la postulation « idéaliste » est indispensable au salut de la raison, ce qui est humain en l'homme.

Socrate, devant l'invitation qui lui est faite, reste timide. Parménide, poète et disputeur, assumant la condition d'une pensée philosophique qui n'a pas encore pris conscience d'elle-même — c'est au moins ainsi que, semble-t-il, Platon le comprend — prend parti : il se décide au discours. Et il montre, dans une argumentation sur laquelle on a trop glosé depuis vingt-quatre siècles, que la solution de l'énigme de la relation du sensible et de l'intelligible, c'est seulement en interrogeant le statut de l'intelligible même qu'on a des chances — s'il en est — de la découvrir.

A ceux qui contestent l'existence des Idées, hypothèses sans laquelle il n'y a point grand-chose à faire
en philosophie [1], Parménide conseille de répondre
en s'entraînant à l'exercice dialectique. C'est là le
moyen de ne pas laisser échapper la vérité, de faire
apparaître la majestueuse ordonnance de l'univers des
Essences et d'imposer ce dernier comme le seul modèle
acceptable. Le dialogue, dès lors, s'organise autrement :
le vieux penseur commence un interrogatoire dont
le répondant est le plus jeune interlocuteur, Aristote,
et qui porte sur la question de savoir s'il faut affirmer
ou non l'Un, si l'Un et l'Être se confondent et quelles
conséquences en résultent, en chaque éventualité, pour
l'Autre, pour l'Être et le Non-Être. Exercice d'école ?
Manifestation de l'efficacité de la méthode dialectique ?
Révélation des traits ultimes de l'ontologie platonicienne ? Ces diverses interprétations — et d'autres
encore — ont été données de ce texte admirable et
difficile [2]. Force nous est ici d'écarter de semblables
débats et de rappeler seulement le sens de la technique
discursive adoptée : il s'agit, par un questionnement qui
va jusqu'à son terme, de débusquer, dans les possibilités
mêmes du langage, la structure de l'intelligible...

C'est aussi de cette manière que procède *Le Sophiste* :
le problème est alors de déterminer la nature de cet enseignement fallacieux. Des définitions successives, de
plus en plus précises, sont proposées et mises à l'épreuve.

1. *Ibid.*, 135 c.
2. Signalons seulement deux commentaires essentiels à ce propos :
J. Wahl, *Étude sur le « Parménide » de Platon*, Paris, 1926, et l'article
de J. Moreau, « Sur la signification du *Parménide* », *Revue philosophique*,
1944.

Pareillement, dans *Le Politique*, selon une technique plus rigoureuse encore, Socrate s'efforce de faire apparaître l'Essence de l'« art royal » : partant d'un genre très large — « la science en général » — il opère une série de « divisions logiques », de dichotomies grâce auxquelles sont définies des « espèces » de plus en plus restreintes et de mieux en mieux alimentées enserrant toujours plus étroitement l'Idée (ou l'Essence ou la Forme de la réalité) que l'on veut atteindre. La théorie aristotélicienne de la définition par le genre prochain et par la différence spécifique et la logique développée par l'*Organon* apparaissent comme la généralisation et la normalisation de cette méthode.

Qu'on ne s'y trompe point toutefois. La notion de méthode — c'est là un travers de la pensée moderne — apparaît souvent comme un « procédé », arbitrairement élaboré, auquel l'esprit humain soumettrait le donné indifférencié, comme pour l'organiser et le faire parler. Rien de tel pour Platon et Aristote. Le « donné » — il faut y mettre des guillemets, car aucune puissance supérieure, ni Dieu ni Nature ne le « donne » — est immédiatement de l'ordre de la Raison. La tâche du discours est seulement de réitérer cet ordre dans le domaine du langage, de le réaliser dans et pour la pensée afin que, dans la sérénité, l'homme puisse vivre, mourir et se survivre. En d'autres termes, s'il est un bon discours — celui que la méthodologie du *Sophiste*, du *Politique* et du *Philèbe* s'efforce de mettre au point — il ne peut être que l'expression d'une ordonnance préalable et seigneuriale, celle de l'Être par excellence, celle de l'intelligible...

Sur cette ordonnance, le *Phédon* donne déjà de précieuses indications. La distinction entre le mode de participation de l'Essence au sensible et celui qui gouverne les Essences elles-mêmes y est clairement manifestée. Lorsqu'on dit que cet existant sensible est petit par rapport à ceci et grand par rapport à cela, on signale simplement que cet existant, mis *accidentellement* en relation avec d'autres, possède accidentellement telle ou telle attribution : cela ne change rien ni à son Essence propre, ni à l'Essence de la grandeur ou de la petitesse. C'est là une chose qui permet de faire pièce aux arguments destructeurs des héraclitéens. Autre chose, cependant, est le problème que pose l'organisation de l'intelligible. En effet, chaque Idée est non seulement inaltérable, mais en-soi. Il est évident, cependant, que certaines d'entre elles sont précisément nécessairement liées à d'autres : ainsi l'Idée du froid et celle de la neige sont en indissociable relation, de même que l'Idée du chaud et du feu. La neige n'est pas le froid, toutefois, pas plus que le feu n'est le chaud ; de plus, « jamais la neige, étant de la neige, quand... elle aura reçu en elle le chaud, ne sera plus ce que justement elle était : mais au contraire, devant l'avance du chaud, ou bien elle cédera la place au chaud, ou bien elle périra » [1].

Ainsi, ce n'est pas la neige et le feu qui s'excluent : plus précisément, s'ils s'excluent, c'est que chacun possède une Essence qui exclut l'Essence de l'autre. Au sein de l'intelligible existent donc des « liaisons nécessaires » — qu'on nous pardonne d'employer cette expression cartésienne — d'inclusion et de répulsion

1. *Phédon*, 103 *d.*

grâce auxquelles il devient possible non seulement
de s'y moins mal reconnaître, mais encore d'organiser
le discours satisfaisant. Pour dissiper effectivement,
pratiquement le mystère théorique de la participation
des phénomènes et des Idées, il importe donc de s'exercer à la connaissance de ces dernières et de leur
ordre afin de prouver dialectiquement — par le discours — et pratiquement — par la conduite — la
légitimité et l'intérêt du choix philosophique. C'est
à cet apprentissage que nous convie *Le Sophiste* : et
les résultats obtenus n'ont pas — nous allons le voir
— une simple portée pédagogique.

L'analyse de l'attitude du sophiste, « chasseur in-
téressé de jeunes gens riches », « commerçant d'enseignement, soit en gros, soit au détail », « athlète au
combat de la parole », « réfutateur et purificateur »
conduit à poser bientôt un problème infiniment plus
difficile que celui qui consiste à donner un signalement.
Toutes ces définitions renvoient, en effet, à une détermination plus profonde : le sophiste, qui se prétend
détenteur du savoir universel, présente comme étant
vrai ce qui est faux ; il possède l'art du simulacre, il
fait apparaître des images comme étant la réalité.
Or qu'est-ce donc qui fait qu'une semblable image,
qu'une pareille ressemblance puissent être acceptées,
sinon qu'en quelque manière, il y a un entrelacement
où le « Non-Être s'entrelace à l'Être, et cela d'une
façon tout à fait déroutante » [1]. Mentir, c'est donner
l'être à ce qui n'est pas.

Comment cette opération est-elle possible ? N'est-

1. *Le Sophiste*, 240 *c*.

il pas bien entendu, depuis le poème de Parménide, « le Père », que l'Être est, que le Non-Être n'est pas ? Ne va-t-on pas être contraint « d'employer la violence à prouver que, sous un certain rapport, le Non-Être existe et que, en revanche, l'Être, à son tour, de quelque façon n'existe pas » [1] ? La question soulevée est si grave qu'on ne peut la poser plus clairement et avoir l'espoir de la résoudre sans évoquer et critiquer les différentes doctrines de l'Être jusqu'alors développées...

L'Être est, sans doute, la notion la plus confuse, au moins si l'on juge par la diversité de la tradition. Pour les uns, il se monnaye en « êtres » multiples ; pour d'autres, qui sont aussi pluralistes, il y a deux ou trois êtres qui s'associent ou se combattent pour former l'Être ; d'autres invoquent tantôt des propriétés spirituelles, l'amour, la haine, d'autres encore des qualités sensibles, le sec, le chaud, l'humide... Dans tous les cas, ce que le pluralisme ne parvient pas à expliquer, c'est l'unité de l'Être, c'est-à-dire le fait que de chacun de ces existants on dit qu'il *est*, donc qu'il participe à une unité supérieure... Admettons donc la thèse contraire, que l'Être est l'Un et le Tout, qu'il exclut, en sa majestueuse compacité, toutes les différences ou, aussi bien, qu'il les inclut. Cependant, on ne peut soutenir longtemps cette conception : il y a, en effet, contradiction entre l'idée que l'Être est le Tout, c'est-à-dire qu'il confère l'être à tous les éléments que le Tout totalise et l'idée que l'Être est unité fermée sur soi. Tout se passe comme si Platon se plaisait à montrer, dans *Le Sophiste*, que toutes

---

1. *Ibid.*, 241 *d.*

les objections qu'il s'était adressées dans le *Parménide* sont infiniment moins graves que celles qu'on peut opposer aux « ontologies » à la mode.

Laissons ces disputes dont on s'étonne — après la critique platonicienne — qu'elles aient pu nourrir si longtemps — jusqu'à nos jours — la pensée métaphysique. Dépassons aussi le débat qui oppose « fils de la Terre » et « amis des Formes, matérialistes et idéalistes » : « les premiers arrachent toutes choses à la région du ciel et de l'invisible pour les tirer vers la terre, étreignant à la lettre, dans leurs mains, pierres et chênes ; c'est en effet en s'attachant à tout ce qui est de ce genre qu'ils affirment, de toute leur force, que cela seul existe qui prête à une atteinte et à un contact ; établissant une identité entre corps et réalité ; pleins d'ailleurs du plus total dédain pour autrui, s'il lui arrive d'affirmer l'existence de quelque chose qui n'a point de corps, et se refusant à l'écouter davantage »[1] ; les seconds sont « enragés à soutenir que ce sont certaines natures intelligibles et incorporelles qui constituent la réalité authentique ; et, concassant tout menu les corps dont parlent leurs adversaires, ainsi que ce qui est appelé par ceux-ci vérité, à la qualification de réalité existante ils substituent dans leur propos celle d'un devenir en voie de translation »[2]. Entre eux, c'est une bataille interminable !

Concédons aux « fils de la Terre » leur thèse, que l'âme elle-même est nature corporelle. Ne reconnaissent-ils pas, pourtant, qu'il y a des âmes justes et injustes,

1. *Ibid.*, 246 *ab.*
2. *Ibid.*, 246 *bc.*

raisonnables et déraisonnables ? N'admettent-ils que de
semblables qualifications supposent que ces propriétés
sont déposées dans les âmes mêmes ? Iront-ils jusqu'à
dire que le fait d'être injuste ou raisonnable peut être
perçu, peut s'étreindre ? Ils seront bien forcés d'accepter
l'existence de réalités *incorporelles*. Et, du coup, le
caractère excessif de leur postulation initiale apparaîtra
clairement.

Quant à la position des « amis des Formes », bien
que plus solide et plus subtile, elle s'expose aussi à une
objection grave. L'Étranger qui, dans *Le Sophiste*, mène
la discussion est, en quelque sorte, l'analogue du Parménide qui, dans le dialogue portant son nom, interroge le jeune Socrate : lui aussi intervient, semble-t-il,
pour combattre une interprétation simpliste, statique,
linéaire de l'hypothèse des Idées, celle que l'on pourrait
tirer d'une lecture rapide de *La République*, par exemple. Les idéalistes, en effet, se laissent aller, eux aussi,
à une conception unilatérale et excessive : en divisant
ce qui est en deux régions, l'une qui est de l'ordre du
moindre-être, le sensible, soumis au devenir et à la
corruption et l'autre, l'intelligible, modèle raidi dans son
immutabilité, ils en viennent à vouloir nous « persuader
que mouvement, vie, âme, pensée ne sont pas authentiquement présents dans ce qui a l'absolue totalité d'existence ; que cela ne vit même pas », ne pense
pas non plus ; mais que, au contraire, « auguste et sain,
il est en plant dans son immobilité » [1]. Or, de toute
évidence, « pour le philosophe... c'est... une nécessité
absolue de ne point accepter l'immobilité du Tout,

1. *Ibid.*, 248 e-249 a.

ni de la part de ceux qui admettent une forme intelligible unique, ni de la part de ceux qui en admettent une
pluralité ; de n'absolument pas écouter davantage ceux
qui, au rebours, meuvent en tout sens l'Être ; mais
plutôt de dire... que l'Être et, aussi bien, le Tout sont
à la fois l'un et l'autre » [1].

Il faut donc reprendre ce problème de l'Être en son
fond. Il vient d'être établi que mouvement et repos
participent en quelque façon à l'Être ; le « mensonge »,
qui est au fondement de l'enseignement du sophiste,
a montré qu'il fallait bien que le Non-Être soit, lui
aussi, d'une certaine manière. De la sorte se trouve
contestée la thèse parménidienne qui refuse toute multiplicité et qui, ainsi, interdit qu'on fasse d'autres
jugements que tautologiques, du type : « l'Être est »,
« l'homme est homme », « le bon est bon ». En vérité,
pour y voir plus clair, il convient de poser la question
dans son ensemble. Concernant la relation que les
Essences peuvent entretenir les unes avec les autres,
trois thèses se trouvent en présence. Ou bien « rien ne
possède aucun pouvoir de communiquer avec rien en
vue de rien » ou bien « tout a mutuellement un pouvoir de
communiquer avec tout » ou bien « que certaines essences
consentent de se mêler à certaines autres et avec celles-
là seulement » [2]. La première éventualité conduit
ceux qui l'acceptent à adopter une attitude contradictoire : ces gens-là parlent, en effet : « Ils se servent
du mot " est ", du mot " isolément ", du mot " des
autres " du mot " en soi ", et de milliers d'autres

1. *Ibid.*, 249 *cd.*
2. *Ibid.*, 251 *c*-253 *b.*

termes de ce genre, dont ils sont impuissants à s'abs-
tenir, comme ils le sont de ne pas opérer des liaisons
dans leur langage. » Que signifie, dès lors, leur discours
s'ils affirment en même temps que les Essences auxquelles ces mots renvoient sont coupées les unes
des autres et sans aucun rapport. Pour que parler ait
un sens, il faut que les Essences communiquent...

Mais communiquent-elles toutes indifféremment ?
C'est là l'hypothèse héraclitéenne que nous avions déjà
examinée. Et nous savons qu'elle aussi condamne
l'homme au silence ou, ce qui revient au même, au
discours vide. En ce cas, en effet, il devient légitime
de dire n'importe quoi, de lier n'importe quel mot
avec n'importe quel autre et toute phrase avec toute
autre phrase. C'est donc à la troisième éventualité
qu'il faut se rallier : les Essences se rapportent les unes
aux autres et s'organisent, selon la convenance et
la disconvenance, comme les lettres, voyelles et con-
sonnes, s'assemblent pour former les mots. Discerner
cet ordre, mettre en évidence les séquences qui en
assurent le rythme et la signification, faire apparaître
les répétitions et les discontinuités qui entrent dans
sa composition, telle est précisément la tâche du philosophe dialecticien, du « spécialiste de l'universel »
que veut former l'Académie platonicienne.

Prenons, ainsi que nous y invite *Le Sophiste*, non
pas une Essence au hasard, mais celles de ces Essences
qui fondent un genre, qui ont une application fort
large, qui entrent constamment dans le discours et
qui, de ce fait, constituent comme des Essences « au
carré ». A l'Être, genre suprême, participent, nous
l'avons vu, le mouvement et le repos : si l'une ou l'autre

détermination lui manquait, il ne serait point Être, puisqu'il ne serait point *Tout*, il n'aurait pas en soi la capacité de rassembler l'ensemble des qualifications qui font précisément qu'il est l'Être même, c'est-à-dire l'unité synthétique permettant, comme condition irrécusable, le développement d'un discours général et différentiel.

En d'autres termes, que l'Être soit à la fois *mouvement* et *repos* signifie — puisqu'il s'agit là de deux prédications contraires — qu'il est de l'ordre du *même* et de l'*autre*. Le mouvement *est* ; le repos *est* aussi. Or, si l'Être est repos — si l'Être et le repos sont de l'ordre du *même* — si, en même temps, Être et mouvement sont d'une semblable manière, identifiables, il va de soi, puisque le repos et le mouvement sont de l'ordre de l'*autre*, que l'Être est à la fois le *même* que soi et *autre* que soi, qu'il comporte nécessairement l'altérité et l'identité : « Sur ce, qu'on ne dise pas que c'est de l'audace, à nous qui dans le Non-Être manifestons un contraire de l'Être, de dire qu'il " est ". Il y a, en effet, une certaine contrariété à l'égard de l'Être, de laquelle nous disons depuis longtemps que nous nous désintéressons, quant à la question de savoir si cette contrariété est réelle ou si elle ne l'est pas, si elle se justifie ou si elle est, et même totalement, injustifiable. Quant à ce en quoi nous venons à présent de faire consister l'existence du Non-Être, ou bien qu'on nous convainque, après nous avoir réfutés, de l'inexactitude de notre conception ; ou bien... il faudra que l'on s'exprime aussi comme nous le faisons nous-mêmes : les genres, devrait-on dire avec nous, se mêlent entre eux ; l'Être et l'Autre circulent à travers tous, et ces

deux genres à travers l'un l'autre ; l'Autre, participant
à l'Être, " est ", non qu'il soit cependant ce dont il
participe, mais autre chose, et, d'autre part, étant
autre chose que l'Être, forcément il est en toute certitude non-être. Quant à l'Être, puisque à son tour
il participe à l'Autre, il doit être autre que le reste
des genres ; mais, puisqu'il est autre que tous les
genres sans exception, il n'est pas chacun d'eux,
pas davantage il n'est l'ensemble de ces autres genres,
réserve faite de ce qu'il est lui-même ; par suite, sans
contestation possible, l'Être à son tour, milliers de fois
sur milliers de fois, n'est pas, et c'est ainsi dès lorsque,
hors lui, tout le reste aussi bien pris individuellement
que dans son ensemble un grand nombre de fois " est "
un grand nombre de fois d'autre part " n'est pas " » [1].

Héraclite et Parménide sont renvoyés dos à dos.
L'expérience de la pensée, l'exigence du discours,
l'ordre de la pratique imposent que le monde des
Essences existe, qu'il soit constitué, non pas par une
unité massive et absorbante — comme le veut l'é-
léatisme parménidien — non par une diversité foisonnante, brûlante et contradictoire — comme le dit
le mobilisme héraclitéen — mais par une *ordonnance*.
Stabilité et devenir sont des modes de l'Être. Il doit
y avoir une stabilité, sinon la notion même d'un discours
recevable est impensable ; la différence, toutefois, doit
s'y introduire, sinon y manque la *vie*. L'Être est vivant
et source de vie, telle est peut-être la notion importante du *Sophiste*. Le *Philèbe*, dans une autre optique,
n'introduit pas une autre idée — ainsi que l'a montré

1. *Ibid.*, 258 *d*-259 *ab*.

L. Robin [1] — lorsqu'il comprend la généalogie de l'Être comme composition d'Illimité et de Limité, lorsqu'il pense l'Être comme *mélange intelligible*. Ainsi Platon transporte au sein de l'intelligible la diversité et la variété constatées au niveau du sensible.

Mais alors qu'ici-bas diversité et variété veulent dire confusion, elles signifient, lorsqu'il s'agit des Essences, dynamisme organisateur. On voit mieux, du même coup, comme *Le Sophiste*, le *Philèbe* et le *Timée* résolvent ou, au moins, éclairent le problème laissé en suspens dans le *Parménide*. L'Ame qui, par le moyen de l'exercice mathématique d'abord, de la dialectique ensuite, parvient à l'élever à l'intelligible saisit ce dernier, ses hiérarchies, ses différences, son ordre, non seulement comme l'objet de son discours vrai, mais encore comme un principe dont l'architecture vivante pénètre la réalité tout entière, y compris l'univers sensible dans la mesure où l'inertie de ce dernier n'y résiste point trop. Aux notions de participation et d'imitation que nous avons évoquées, il serait peut-être bon d'ajouter celle d'*engendrement* ou de *constitution vivifiante*.

Cette conception que développe *Le Sophiste* montre bien l'inintelligence des critiques souvent adressées au platonisme, celles qui lui font grief d'avoir compris l'Être comme collection d'entités immuables, abstraites et simplement juxtaposées. Elle trouve, nous l'avons vu, une illustration dans la théorie de l'Ame du Monde présentée par le *Timée*, cette Ame du Monde qui est comme l'expression du dynamisme essentiel. Elle prend une signification pratique dans les analyses de *La Républi-*

1. *Platon*, Alcan, 1935, chap. IV. et, en particulier, les pp. 149-170.

que. Et c'est en les rappelant qu'il est bon, sans doute, de conclure cette brève revue des thèses qui constituent ce que l'École nommera l'« ontologie platonicienne ».

C'est de pratique, c'est-à-dire de conduite morale et politique qu'il est question au moment où Platon évoque, dans son grand dialogue didactique, le « grand mathème », l'objet par excellence du discours. Il s'agit de savoir ce qu'apportera aux gardiens de la Cité la connaissance de l'Idée. Or, ce à quoi elle doit conduire, finalement et premièrement, c'est à l'intuition du Bien. Le Bien, nous en sommes avertis, on n'en peut parler « tout simplement », comme s'il était ouvertement donné et qu'un texte correctement agencé en puisse révéler la nature. Avec lui, il faut en user symboliquement : son rejeton ici-bas est le soleil, qui alimente la croissance naturelle de son énergie et qui, par la lumière qu'il apporte, rend perceptibles les objets. De même, le Bien vivifie les Essences et leur confère l'intelligibilité, les fait transparentes à l'œil de l'Âme.

Cela veut dire, si nous avons bien lu *Le Sophiste*, qu'un principe harmonique et ordonnateur domine les Essences, à quoi il faut accorder toute confiance puisqu'il donne au système des Formes sa réalité vivante et sa signification. Cela implique aussi que le pari métaphysique, l'hypothèse des Idées, n'a pas seulement une portée théorique, mais qu'elle renvoie à une exigence pratique... En fait, les expressions mêmes que nous employons sont maladroitement anachroniques : il a fallu que la métaphysique moderne, tout entière pénétrée du problème de la connaissance, sépare question théorique et solution pratique pour que nous nous croyions contraints à en user.

Platon, semble-t-il, lorsqu'il accumule images et arguments pour montrer que l'Être est Vie, Principe, Bien et Beauté, a pour fin de montrer non seulement qu'il y a un ordre du cosmos qui s'insinue en toutes ses parties, apparaîtraient-elles dérisoires et illusoires, et qu'en quelque manière, l'homme, serait-il dans l'abandon du sensible, peut s'y reconnaître, mais qu'à cet ordre, pourvu qu'il soit compris, correspond une conduite juste. Que l'Être soit le Bien signifie que *justesse* et *justice* sont identifiables : celui qui connaîtra le dynamisme essentiel ne pourra manquer de se conduire comme il convient à sa vertu. Il réalisera ce que requiert l'ordonnance ontologique : il effectuera, dans ses comportements, ce à quoi est promise l'humanité selon la situation qui est la sienne au sein de l'Être.

Le poids que la contingence de l'histoire méditerranéo-européenne a donné à l'idée de Dieu a conduit maints commentateurs — et certains étaient les meilleurs — à se demander si le Bien platonicien n'est pas Dieu en personne. Il est certain que Platon, inventeur de la philosophie, c'est-à-dire tout à la fois de l'idéalisme et du spiritualisme conséquents, a fourni des schèmes de pensée et des matériaux que les religions révélées, passé leur moment d'enthousiasme conquérant, ont utilisés pour affermir et réduire leur retombée, c'est-à-dire pour justifier leur théologie. Pour son temps, Platon est irréligieux, pour ne pas dire athée. A l'image des dieux, il substitue l'hypothèse des Idées ; aux pratiques traditionnelles, il oppose la perspective d'une conduite « révolutionnaire » et d'un discours critique introduisant l'éventualité de nouveaux rapports de l'homme à l'Être. A moins de supposer que Dieu est toujours et déjà présent, il faut

convenir que le Bien — nouveau dieu, un dieu en connivence avec l'homme dès que celui-ci a compris qu'il a à
se libérer de ses passions et de ses intérêts — s'oppose
aux dieux et, tout autant, à la notion d'une sacralité ne
ressortissant pas aux exigences de l'intelligible.

La doctrine platonicienne de l'Être n'est pas une
théologie. Du même coup, elle n'est pas un humanisme,
cet humanisme de style moderne qui n'est bien souvent
qu'une négation abstraite de la théologie. Elle est une
cosmologie, une théorie du Monde. En ce monde, il y a
un être qui, en soi, n'est pas particulièrement intéressant,
l'homme, auquel cependant nous accordons nos soins,
parce que nous sommes du même genre que lui et que,
concrètement, les traverses de son destin nous assaillent.

Qu'advient-il de l'homme, quelles éventualités nous
restent offertes lorsque nous commençons à comprendre
ce qu'il en est de l'Être? A quel type de décision le concernant l'hypothèse des Idées nous mènera-t-elle?

CHAPITRE CINQUIÈME

Ce qu'il en est de l'homme

La déclaration énigmatique que fait Socrate à la fin du livre IX de *La République* est significative de la position qu'adopte Platon face à ce que nous appelons le problème moral : « Parmi les honneurs,... fixant le regard sur le même modèle, il [le philosophe devenu sage] prendra, à coup sûr, sa part de certains, il y goûtera de bon gré, estimant que ceux-là pourront le rendre meilleur ; tandis que ceux qui pourraient, à son jugement, dissoudre la réalité de sa manière d'être, il les fuira, dans le privé comme dans la vie publique. " Alors, fit-il, du moins ne consentira-t-il pas à exercer une activité politique, s'il est vrai qu'il ait un pareil souci! — Non, par le Chien! m'écriai-je. A vrai dire, c'est dans l'État qui est le sien, qu'il l'exercera et sérieusement ; non pourtant, sans doute, en sa propre patrie, à moins qu'il ne lui soit échu quelque divine bonne fortune! — Je comprends! dit-il. Tu veux dire : dans l'État que notre présente analyse est en train de fonder, État qui a son existence en des paroles, vu qu'il n'y a, je pense, aucun lieu de la terre où il se trouve! " »[1].

1. 591 *e*-592 *b*.

De ce texte — et de plusieurs autres —, il est aisé de tirer l'idée qu'au fond la référence que fait souvent Platon à la politique est d'ordre instrumental : dans ce milieu ultra-politisé qu'était la société athénienne (et grecque) du IVe siècle, le fondateur de l'Académie, pour faire valoir son enseignement, aurait jugé nécessaire d'user de ce matériau ; mieux même, de l'appeler en témoignage pour ironiser sur lui et montrer ainsi que *toute* politique est de la nature de l'opinion, que le sort de l'homme est ailleurs, par exemple, dans une ordonnance assurant la bonne correspondance de soi avec soi. Pour soutenir cette interprétation, il faut sans doute non seulement refuser l'authenticité de la *Lettre VII*, mais encore faire des *Lois* un écrit apocryphe. De bons auteurs du passé sont allés jusqu'à cette extrémité : nous n'irons pas jusque-là, quant à nous, et cela d'autant moins qu'à notre sens, comme nous avons tenté de le montrer dans notre *Chapitre premier*, la décision platonicienne de philosopher est directement liée à la volonté de redresser l'agencement politique, lieu nécessaire de toute vie humaine.

En fait, se manifeste, dans la théorie de Platon, une conception qui domine l'ensemble de la pensée antique. Elle considère l'ordre du monde, l'organisation de la Cité et l'agencement de l'Ame comme devant posséder *naturellement* une analogie ou une homologie des structures. Plus précisément, le *cosmos*, le « bien arrangé », fournit une sorte de plan et de dynamisme régulateurs indiquant comment se peuvent ordonner, selon leur vertu, l'univers politique et le monde individuel. C'est à l'intérieur de ce cadre que se pose le problème de la conduite : se conduire, c'est agir en un certain sens au sein du *cosmos* — dans le bon ou dans le mauvais sens —, se comporter politiquement pour ou contre l'essence de la Cité et assurer, en son âme, la prééminence à tel ou tel principe ; c'est donc, aux trois niveaux, tenter de faire dominer un ordre dont l'arrangement de la nature nous indique qu'il est l'*ordre*.

On voit clairement, dès lors, qu'il ne saurait y avoir, pour Platon, de distinction — cette distinction si opérante dans la pensée contemporaine — entre question politique et question morale. Ainsi que l'ont montré les analyses de *La République* que nous avons déjà rapportées, le sort de ce que nous appelons, nous, « sujet » est inséparable de celui du citoyen : la Cité corrompue pervertit les meilleurs naturels — c'est ce que rend évident le *Livre V* — de même que les âmes décadentes — comme le prouve le *Livre VIII* — déterminent le déclin polique. Salut individuel et solution aux problèmes de la collectivité s'édifient conjointement. C'est pourquoi une présentation approfondie de la théorie platonicienne de l'homme exigerait qu'à propos de chaque problème, on évoque à la fois aspect moral, aspect politique et aspect cosmique. Étant donné les limites de notre étude, une semblable présentation risquerait d'introduire une fâcheuse confusion. C'est pourquoi nous avons préféré analyser successivement chacun de ses niveaux, quitte à devoir rappeler constamment qu'existe entre eux un lien étroit.

A la vérité, la problématique platonicienne de la conduite suppose un donné, ce triple donné que nous venons d'évoquer. Ce à quoi la Raison va donc pouvoir s'employer, c'est, ayant reconnu l'ordonnance des Essences, à fixer la *stratégie* convenable, une stratégie qui assure, finalement, autant qu'il est possible, son triomphe. Et nous, nous avons à comprendre ce qu'il en est de l'Ame, de la Cité et du *cosmos* et quelles stratégies, différentes et liées, correspondent à chacun de ces domaines.

Nous devons supposer l'âme immortelle : le *Phèdre* et le *Phédon* ont établi que l'hypothèse selon laquelle le principe de vie ne meurt pas est la seule qui soit finalement acceptable. Elle confirme un enseignement très ancien et se trouve être dialectiquement la plus sérieuse. La possibilité même de la connaissance présuppose cette survie à travers tous les temps. Nous n'avons sans doute pas, dans ce qui précède, suffisamment insisté sur ce point : ainsi que le prouve le texte célèbre du *Ménon* dans lequel Socrate permet à un adolescent inculte de développer un raisonnement correct concernant un problème mathématique difficile, il faut bien que celui-là qui cherche et qui trouve ait une sorte de prescience de ce qu'il avait à chercher et à trouver. Connaître n'est jamais que re-connaître. Utilisant l'argument qui demeurera toujours valable contre ceux qui prétendent que toute connaissance vient de l'expérience, il souligne le fait que, dans l'expérience, on ne peut jamais rien découvrir qu'on ne l'y ait déjà mis, qu'aucune généralisation à partir des faits donnés n'est capable de fournir le fait essentiel même qui permet de généraliser et que le terme abstrait, générateur de savoir universel, ne peut être construit que s'il a en germe un abstrait préalable, enfoui et redécouvert...

La théorie moderne de la connaissance a construit bien des variations — positives et négatives — autour

de ce theme : Platon est plus direct et, comme nous
l'avons déjà signalé, postule comme condition d'instauration de tout savoir universellement communicable,
l'idée que l'Ame, préalablement à sa manifestation
empirique au sein du monde phénoménal, est déjà en
connivence avec le *logos*, avec la Raison, qu'elle a vécu,
qu'elle vivra encore dans la communauté des Essences.
Principe de vie qui contredit, comme tel, à la mort,
l'Ame, principe de connaissance, répugne à cette variabilité incertaine qui est le propre des réalités soumises
à la contingence de la dégénérescence temporelle.

Cependant, l'Ame, élément d'animation, reste ce
dynamisme que nous éprouvons ici-bas et qui nous permet à la fois d'éprouver notre statut passionnel et d'aller
au-delà : elle est enfoncée dans ce « tombeau » que sont
le corps et la sollicitation sensible. Pour nous conduire
effectivement, il faut que nous sachions *comment faire*
avec ce désordre relatif qu'est la participation avec
l'univers phénoménal, avec l'indéfini matériel. La question de la conduite est là — que le philosophe ne peut,
en aucune manière, éluder.

A la complexité du statut de l'Ame, l'image proposée par
Phèdre nous habitue. Supposez un char à deux chevaux :
les chevaux sont impétueux ; l'un d'eux se veut rétif
et préfère, comme systématiquement, le désir capricieux
qui le traverse ; il s'abandonne à sa fantaisie et risque,
à tout instant, de faire verser l'attelage ; l'autre est tout
aussi courageux et actif, mais, lui, veut le bien, quoiqu'il
ne sache pas, le plus souvent, comment le réaliser ; il va
de l'avant, soucieux de maintenir l'unité et le projet
de l'équipage. Il y a aussi le cocher : il sait — il doit
savoir — où l'on va ; sa fonction est modératrice ; il

a à mater le premier coursier, à diriger le second ; il a à imposer sa direction, quelque difficulté douloureuse qu'il en résulte. L'Ame réussie est celle qui reconnaît la prééminence du cocher.

La République présente, d'une manière plus didactique, le même schéma : l'analyse du donné empirique, des comportements, des formes individuelles, montre que l'âme des humains est triple. Il y a une partie de cette âme, enfoncée étroitement dans le corps, qui est de l'ordre des pulsions et des besoins ; l'*âme désirante*, qui trouve son lieu corporel dans le ventre, cette « fonction en vertu de laquelle elle aime, a faim, a soif, éprouve des transports relativement à ses autres désirs »[1]. A elle, s'oppose l'*âme raisonnante*, qui se situe dans la tête, qui est quasiment dégagée du domaine corporel, qui constitue la partie divine de l'homme, qu'on peut appeler, parce qu'elle est, par nature, en rapport avec l'intelligible, l'« œil de l'âme ». Son rôle, quotidiennement, est de calculer, de prévoir, de mettre en question les caprices du désir ; sa tâche finale, nous l'avons vu abondamment, est de contempler les Essences. Cependant, l'expérience conduit à admettre l'existence d'une fonction médiatrice : « Ne nous apercevons-nous pas, en maintes occasions, qu'un homme, poussé par la violence de ses désirs à agir contre la raison qui calcule, s'injurie lui-même et s'emporte contre ce qu'il y a en lui-même, dont il subit la violence ; et que, comme s'il s'agissait d'une lutte entre deux partis, la raison trouve un allié dans l'ardeur de sentiments qu'anime un tel homme »[2].

1. 439 *d.*
2. 440 *ab.*

Entre la pulsion et la raison, entre l'âme subjuguée par le corps et l'Ame éprise des Idées, il y a le courage, le *cœur*, qui ne *sait* pas, mais qui *veut* et pressent confusément l'ordre du Bien.

Bref, au manichéisme simple que supposaient les doctrines religieuses, Platon substitue une analyse plus nuancée : nous verrons ultérieurement la confirmation cosmique et politique que le fondateur de la philosophie occidentale donne à cette conception « psychologique ». Il reste que celle-ci — comme telle — implique une certaine stratégie morale... Laissé à lui-même, à supposer qu'il puisse en être ainsi (et, de toute évidence, Platon évoque cette éventualité), l'homme individuel a affaire à cette triplicité, il a à s'y reconnaître. La multiplicité admise pose des différences de fait, mais elle exige un ordre...

Cet ordre, toute la « morale » platonicienne le définit. L'image du *Phèdre*, la description de *La République* indiquent clairement que ce à quoi doit tendre l'individu, c'est à réaliser en-soi la bonne hiérarchie, à assurer le pouvoir du cocher, à faire que le désir se soumette au courage et celui-ci à la raison. Il s'agit toujours de « libérer » la partie divine de l'âme : comme nous l'avons déjà indiqué, cette remontée purificatrice peut s'accomplir selon deux techniques : ou bien, par l'exercice intellectuel, la partie calculatrice se rend plus ferme et accroît son pouvoir en mettant, à leur niveau, les instances seconde et troisième, en réalisant pratiquement l'autorité que lui confère sa dignité ontologique ; ou bien jouant le jeu de l' « amour », elle s'active à mobiliser l'énergie du « bon cheval », celui que son impétueuse vertu dirige vers le Bien.

Cependant, ces dialogues ne précisent qu'indirectement les conditions dans lesquelles une semblable libération individuelle devient possible : les aspects cosmiques et politiques masquent la problématique morale. C'est, plus tard, dans le *Philèbe,* que se trouve soulevée la question du rapport du sujet individuel — empiriquement défini — à ses plaisirs. L'interrogation qui domine et anime ce texte est simple : en quoi consiste *la vie heureuse ?* Il est clair qu'en y répondant, Platon, pour faire valoir la validité de sa conception d'ensemble, se place sur le terrain de ceux qui n'acceptent point la *philosophie.* Tout se passe comme s'il consentait à poser et à résoudre une question qui ne le concerne pas tellement, mais où il voit une occasion importante de mettre en évidence une méthode et de récuser l'attitude de contemporains qui se prévalent de l'expérience ou de la réflexion, mais qui n'expérimentent pas vraiment ni ne réfléchissent.

Le *Philèbe* nous remet dans l'ambiance de ces dialogues socratiques qui visaient moins à définir des concepts qu'à refléter des attitudes. Il s'agit d'abord de montrer que ceux qui prennent le plaisir comme critère du Bien ne savent pas clairement de quoi ils parlent. Ceux-là ne connaissent même pas la nature de cette réalité qu'il érige en juge ultime. Plaisirs et douleurs résultent d'un processus naturel. Lorsque l'être vivant, qui est harmonie, a son équilibre perturbé, survient la douleur ; lorsque se restaure le bon ordre, apparaît le plaisir. C'est là l'aspect élémentaire de l'affectivité, quand, brutalement et directement, le corps agit sur l'âme. Cependant, s'arrêter à cette expérience est insuffisant. N'expérimentons-nous pas des états dont la plénitude consiste dans le fait que ne s'y présentent ni douleurs

ni plaisirs élémentaires et que certains, qui n'ont peut
être point tort, considèrent comme sagesse ? N'éprou-
vons-nous pas, aussi, qu'en l'âme adviennent d'autres
affections qui sont liées à ce fait que celle-ci, même
assaillie par les pulsions du corps, se souvient du passé
et imagine l'avenir ? N'avons-nous pas souvent, au
moment même où nous souffrons corporellement, une
impression heureuse parce que nous espérons, parce que
nous savons que l'équilibre va renaître ? Sentiment de
douleur et sentiment de plaisir ne sont pas, dès lors,
ces états psychiques caricaturalement antithétiques,
antithèse sur laquelle se fondent ensemble hédonisme
vulgaire et théorique. L'une et l'autre conceptions comprennent la sensation immédiate — plaisante ou déplai-
sante — comme *reflet* par lequel la nature enseigne ce
qui est bon et ce qui est mauvais, comme témoignage
d'exacte correspondance à l'Être, c'est-à-dire comme
preuve de vérité.

Or, plaisirs et douleurs sont-ils toujours et immédiatement véridiques ? En tant qu'ils sont vécus, ils
sont, de toute évidence, vrais. Mais nous venons de comprendre, puisqu'il y a en l'âme le désir, le sentiment de
l'attente confiante ou craintive, que l'affectivité est
aussi *informatrice* et que, par conséquent, l'information
par elle communiquée peut être vraie ou fausse. Ne
sommes-nous pas tout joyeux lorsque nous voyons « venir à nous d'inépuisables flots d'or et, à leur suite, une
foule de plaisirs » [1] ? Et ne nous arrive-t-il pas bien souvent de sombrer alors dans l'erreur ? Plaisirs et douleurs nous trompent aussi d'une autre manière : selon

1. *Philèbe*, 40 *a*.

la situation affective dans laquelle nous nous trouvons, nous jugeons d'une manière contingente, de la plus ou moins grande intensité de nos réactions et, cette fois, nous nous abusons bien sur nous-mêmes et sur nos états.

Faut-il, pour ces raisons — c'est là le second moment de la démonstration de cette partie du *Philèbe* — condamner le plaisir, comme le fait une sagesse grondeuse et ascétique et considérer qu'il n'a rien à voir avec le Bien ? L'antihédonisme argumente de plusieurs façons : mais il souligne surtout le fait qu'en soi le plaisir ne possède aucune positivité, qu'il n'est rien d'autre que la cessation de la douleur ou de la peine. Platon n'a-t-il pas semblé souscrire à une pareille théorie lorsque, au début du *Phédon*, il fait dire à Socrate, délivré de ses chaînes : « Il y avait le douloureux, voici qu'à sa suite, manifestement, est arrivé l'agréable » [1] ? En réalité, si l'on examine plus précisément la déclaration de Socrate, on s'aperçoit qu'il soutient déjà la conception développée par le *Philèbe*. L'argument majeur des antihédonistes — le plaisir en soi n'est rien — repose sur l'idée que les sentiments de plaisir et de douleur — le plaisir et la douleur tels que nous les sentons — sont, par nature, purs de tout mélange, qu'ils s'excluent réciproquement. Or, les exemples sont multiples qui montrent que ces affections, dans la plupart des cas, sont ambiguës, ambivalentes, que le galeux qui se gratte, le fiévreux qui boit, le débauché qui s'exalte et se dépense sont à la fois dans l'agréable et le désagréable, qu'en eux domine un mélange incertain... Et si plaisir et douleur sont ainsi liés, comme en atteste l'expérience, il n'est

1. 60 c.

plus possible de soutenir que le plaisir n'est qu'absence de douleur.

Cependant, cette réfutation de la sagesse morose va plus loin qu'il ne paraît à première vue. Elle réintroduit le problème posé : celui de la morale individuelle, que nous semblions avoir perdu de vue. Il est, en effet, possible maintenant de répondre à la question : le plaisir est-il le Bien et la recherche du plaisir est-elle vertu ? Les analyses précédentes montrent clairement qu'il faut distinguer entre les plaisirs et que les hédonistes et leurs adversaires ont fâcheusement simplifié les choses. Il y a des plaisirs mélangés, nous dit Platon, qui sont, au moment même où on les éprouve, chargés de douleur ou qui sont, pour ainsi dire, cernés de douleur, qui commencent dans la douleur du désir et s'achèvent dans ce dérèglement corporel et psychique qu'entraîne la jouissance excessive. En eux ne saurait consister le Bien puisque, constamment, le désagrément s'y mêle.

Mais il y a aussi des plaisirs purs : le signe qui permet de les reconnaître est le fait que leur absence n'entraîne aucune peine. S'ils ne sont pas là, on ne se perd point en souffrance à les désirer ; s'ils sont là, on en jouit calmement et dans la plénitude. Sans doute appartiennent-ils au devenir : mais pendant le temps où on en jouit, ils donnent l'impression de la stabilité. Ils apportent un contentement sûr. Tels sont certains plaisirs de l'Ame, ceux qui fournissent la perception de la Beauté faite de la seule harmonie et la contemplation intellectuelle. Sans mélange, sans relation à la pulsion naturelle, ils ne comportent ni variation d'intensité et ne se peuvent tourner en leur contraire. En ce sens, ils sont déterminés, alors que les plaisirs mélangés sont de l'ordre de l'indéterminé, de l'illimité, du non-repérable...

Ici, l'analyse psycho-morale du *Philèbe* retrouve les considérations ontologiques que développe ce même dialogue et auxquelles nous faisions allusion dans le chapitre précédent. Comme *Le Sophiste* qui comprend le réel comme résultant d'une combinaison d'Être, de Même et d'Autre, de Repos et de Mouvement, le *Philèbe* considère que, pour saisir l'organisation de ce qui est, il faut partir d'un modèle comportant d'abord l'Illimité et la Limite, puis le résultat de leur liaison, le Mélange et, enfin, la cause qui préside à ce mélange. Le registre de l'Illimité, c'est tout ce qui comporte le plus et le moins, qui oscille, se perd en contradictions et en différences, soit ce qui, finalement et quelque effort qu'on fasse, échappe à l'emprise du discours. Le domaine de la Limite, c'est, au contraire, celui de l'ordre et de la mesure, de la proportion correcte, de la constante détermination. Le Mélange tiendra de l'un et de l'autre. Selon quel dosage? Celui que parviendra à imposer la Cause. Ce dernier terme désigne évidemment le principe à la fois efficient et final sur quoi repose toute la conception platonicienne et qu'on peut aussi bien appeler Esprit, « intellect de Zeus », Raison ou Bien...

En tout cas, pour ce qui nous intéresse ici, il apparait clairement que ce mélange qu'est la conduite participe de l'Illimité, de cette recherche du plaisir (qui, sans arrêt, se contredit et débouche sur la douleur) et de la limite qu'impose la Cause, la Raison — le cocher qu'invoque le mythe du *Phèdre*. L'existence de cette limite, de cette déterminabilité, l'expérience des plaisirs purs l'atteste. Or, le plaisir est de l'ordre de l'Ame qui s'est libérée du corps, qui a su mettre à distance

les pulsions naturelles, qui est parvenue à se constituer
comme Raison. La Limite, c'est donc le Savoir, l'intellect concrètement en acte, qui réfléchit et met en question le désir, qui est, finalement, l'expression de la Cause,
c'est-à-dire de l'Esprit.

La vie individuellement heureuse, celle qui participe
au Bien, ne s'abandonne pas au plaisir ; elle ne le rejette
pas non plus. Elle est un mixte. Dans sa composition
entre l'agrément (il n'est pas nécessaire de souffrir pour
être vertueux), mais un agrément qui est comme trans-
mué, qui n'est pas cette puissance incertaine que valo-
risent sans nuance les « fils de la Terre » ou les « amis de
l'opinion ». La transmutation, c'est au savoir rationnel
qu'il est laissé de l'effectuer. Le plaisir y prend une
autre allure, plus séduisante et plus pleine parce que
plus sûre et plus stable : il perd sa contingence pour se
constituer comme illustration et comme récompense
sanctionnant, ici-bas, la victoire du *logos* : « Faisons donc
ce mélange... en adressant notre prière aux Dieux, que
ce soit Dionysos ou bien Héphaïstos, ou tel autre d'entre
eux, à qui soit dévolue cette dignité de présider aux
mélanges... nous voilà comme des échansons devant
qui sont placées deux fontaines : l'une, celle du plaisir
que l'on pourrait comparer à une fontaine de miel ;
l'autre, celle de la sagesse, fontaine sobre qui ne contient pas de vin et d'où coule une eau âcre et saine. C'est
le contenu de ces deux fontaines qu'il y a lieu de s'appliquer à mêler le plus convenablement possible » [1].

Il importe, cependant — c'est sur ce thème que s'a-
chève le *Philèbe* — de ne pas s'abuser sur l'importance

1. *Philèbe*, 61 cd.

du miel et de ne pas lui accorder trop de poids dans le dosage. Le plaisir est seulement un adjuvant ou un couronnement ; peut-être même n'est-il qu'une superfétation. L'exclure serait triste ; l'admettre comme valeur significative en soi, même lorsqu'il est pur, serait folie. Il a sa place, qui est restreinte. La stratégie de l'âme qui se trouve confrontée aux problèmes posés par la fascination qu'il exerce est de mettre au point la dialectique et la technique pédagogique qui, précisément, limite son pouvoir sans pour autant le récuser complètement.

Dialectique et pédagogie pourront sans doute convaincre et orienter pratiquement celui-ci ou celui-là. Mais ce n'est qu'une solution individuelle. A-t-elle quelque chance d'être opérante, au niveau de l'individu même, si elle s'exerce dans une ambiance sociale où tout concourt à l'invalider ? Le *Philèbe* détermine la nature de la vie individuellement heureuse ; il montre que la limite doit se juxtaposer à l'Illimité et s'introduire en lui ; il ne dit pas à quelles conditions il est légitime de concevoir la réalisation durable de cette vie heureuse. Ces conditions sont politiques et cosmiques.

Qu'il y ait des conditions politiques, tout ce qui précède l'établit, semble-t-il, clairement : s'il est des modalités propres à la réalisation de l'ordre individuel, celles-ci ne deviennent effectives qu'à l'intérieur de ce cadre imposé qu'est la Cité. Développant avec rigueur et richesse la découverte décisive de la pensée grecque, Platon, après les Sages, avant Aristote, définit l'homme comme *animal politique*. Il se demande constamment,

du *Gorgias* aux *Lois*, en passant par *La République* et
Le Politique, comment il est possible d'organiser rationnellement le *fait social*. L'organiser rationnellement,
c'est permettre à la fois que soient rendues réelles les
potentialités de Raison présentes en chaque individu
et que soient renforcées cosmiquement les forces ordon-
natrices. La stratégie politique — parce qu'elle est médiatrice — devient, du même coup, l'élément majeur
de ce combat théorique que mène la philosophie.

La cause du malheur de la Cité et, partant de l'immoralité des citoyens, est la désunion. La lutte politique
du philosophe consiste, dès lors, à éliminer du donné
social tout élément qui risquerait d'engendrer l'anta-
gonisme. Il faut que tout germe de sédition — cette
sédition impliquant effectivement que, derrière l'apparence de l'unité étatique s'imposent la ou les contradictions comme facteurs irrépressibles — soit non seulement réprimé *en droit*, mais encore exclu *en fait*. Comme
nous allons le voir, Platon a profondément saisi la signification politique de la division *sociale* du travail, de la
répartition des activités et des compétences professionnelles. Si l'on veut, établit-il, que la notion de *constitution* ait un sens, il faut que celle-ci ne soit pas simplement un agencement portant sur des unités sociales
préalablement organisées, mais qu'elle pénètre tous les
domaines de la vie du citoyen, y compris ce que nous
appelons, aujourd'hui, « sa vie privée ». Platon est ainsi
le premier théoricien de l'étatisme techno-bureaucra-
tique. Étatiste, il l'est, puisqu'il admet qu'en dehors de
la Cité juste, il n'y a point de « salut » pour l'individu ;
partisan de la technique, il l'affirme dans la mesure où
il considère que les décisions politiques doivent être

prises en fonction de compétences dûment reconnues et sanctionnées ; conscient de l'importance de l'administration, il souhaite que soient sélectionnés, par voie de concours, ceux qui doivent avoir à charge de diriger la collectivité.

L'État idéal, la *Callipolis* (« la Ville pleinement réussie ») n'est pas seulement la vérité de la Cité grecque, en ce sens où sa réalisation aurait été le seul moyen, pour cette formation politique historique et exemplaire qu'a été la Cité, de se maintenir et de triompher ; il révèle, sous bien des aspects, ce que doit être un État, à savoir cette puissance répressive et organisatrice qui s'applique, grâce aux procédés fournis par le calcul rationnel, à maintenir l'*indépendance* et l'*unité* du corps social. Ce que l'État doit sauvegarder, c'est sa *liberté* : il lui faut opposer à toutes les menées ennemies une force défensive imbattable ; dans la *Callipolis*, la place première reviendra aux « gardiens » qui théoriquement et pratiquement auront à charge de défendre la Cité contre la menace ; et le problème grave sera d'éviter que cette prééminence indispensable des guerriers-administrateurs ne conduise point l'État sur la pente fatale de l'*impérialisme*. Cependant, le gage le plus sérieux de l'indépendance reste la solidité interne du corps social, son unité de fait. Comment assurer l'unité de la diversité ? Comment intégrer les diversités ou résorber les antagonismes qu'impliquent les inégalités données et la division du travail ? Comment faire que l'État soit *un*, alors que sa nature implique qu'il groupe des intérêts, des passions, des caractères, par nature aussi, différents ?

Ainsi, deux problèmes connexes sont à résoudre. Pour

qu'ils soient posés en termes clairs, Platon propose un modèle grâce auquel pourra être rendue intelligible la génèse du lien social. Il inaugure ainsi une coutume à laquelle la pensée moderne de Hobbes à Rousseau et jusqu'aux juristes contemporains a largement fait honneur, celle qui consiste à remonter aux origines.

Nous laissons de côté pour l'instant la « philosophie de l'histoire » mythique du *Timée*, du *Politique* et du *Critias* — que nous évoquerons dans la section suivante — pour n'examiner que la déduction abstraite opérée dans *La République*. Faisons-nous donc par la pensée spectateurs de la naissance d'une société politique, propose Socrate : or, « il y a, selon moi, naissance d'une société du fait que chacun de nous, loin de se suffire à lui-même, a au contraire besoin d'un grand nombre de gens »; en effet, « un homme s'en adjoignant un autre en raison du besoin qu'il a d'une chose, un second en raison du besoin d'une autre ; une telle multiplicité des besoins amenant à s'assembler sur un même lieu d'habitation une telle multiplicité d'hommes qui vivent en communauté et entraide, c'est pour cette façon d'habiter ensemble que nous avons institué le nom de société politique » [1].

C'est donc — hormis la sociabilité naturelle de l'homme sur laquelle insisteront *Les Lois* — la réciprocité des services et bientôt la division du travail qui organisent originairement la collectivité. L'homme est, « primitivement », un être de besoin et, contraint de se défendre contre l'adversité naturelle, porté spontanément vers ses semblables, il constitue une « nature » d'un ordre

1. *La République, II*, 369 *bc*.

différent, qui est *sociale*. La « première société » qui voit
ainsi le jour est fondée sur le principe de l'échange :
celui-là, qui est habile à travailler les outils agricoles,
cédera les produits de son travail pourvu qu'on lui
donne, en contrepartie, de quoi se nourrir. Nous en
sommes au stade de ce que nous appellerions volontiers
maintenant la *valeur d'usage*, puisque chaque troc conduit à une utilisation immédiate des biens échangés.

Socrate analyse la composition des métiers grâce
auxquels, peu à peu, se constitue un organisme capable
de satisfaire les besoins primordiaux : et des intermédiaires apparaissent qui ont pour tâche de faciliter les
échanges. Le ver est déjà dans le fruit : cependant, le
mal n'a pas encore imposé ses principes corrupteurs.
Cette « première société » n'a pas encore, à proprement
parler, de *problème politique* : les questions de commandement s'y règlent d'eux-mêmes, puisque les antagonismes ne se manifestent point encore. Dans ce monde
patriarcal, la vie est simple et frugale : « De quelle manière vont vivre les gens ainsi organisés ? Ne vont-ils
pas produire du blé, du vin, faire des habits, des chaussures, se bâtir des maisons ? Pendant l'été ne travaille-
ront-ils pas à demi vêtus et sans chaussures et, pendant
l'hiver, vêtus et chaussés comme il convient ? Pour se
nourrir ils fabriqueront sans doute soit avec de l'orge,
soit avec du froment, de la farine qu'ils feront griller
ou qu'ils pétriront ; ils en feront de beaux gâteaux et
des pains qu'on servira sur du chaume ou sur des feuilles
bien propres ; couchés sur des lits de feuillage, jonchés
de couleuvrée ou de myrte, ils se régaleront eux et leurs
enfants, buvant du vin, la tête couronnée de fleurs, et
chantant les louanges des dieux ; ils vivront ensemble

joyeusement, réglant sur leurs ressources le nombre de leurs enfants, dans la crainte de la pauvreté ou de la guerre »[1].

Or, à ce moment du dialogue, l'un des interlocuteurs, pourtant fort timide jusqu'alors, intervient naïvement. Glaucon interrompt Socrate : « C'est avec du pain sec, ce me semble, que tu fais banqueter ces gens-là. » Et comme celui-ci se défend et ajoute à ce tableau quelques minces gâteries, le jeune homme reprend : « Si tu organisais, Socrate, un État de pourceaux, tu ne leur donnerais pas d'autre pâture que celle-là »[2]. Socrate a compris et se met sur le terrain de son contradicteur : cet État sain que je vous propose, vous n'en voulez pas ; considérons-en donc un autre, gonflé d'humeur : « Certains, en effet, ne seront pas contents, je le crains, de ces dispositions ni de notre régime même : ils y ajouteront des lits, des tables, des meubles de toutes sortes, des ragoûts; des parfums, des essences à brûler, des courtisanes, des friandises et chacune de ces superfluités sous toutes les formes possibles. On ne mettra plus simplement au rang des choses nécessaires celles dont j'ai parlé d'abord, les maisons, les vêtements, les chaussures ; on va désormais employer la peinture, et toutes les combinaisons de couleur, et se procurer de l'or, de l'ivoire et toutes les matières précieuses, n'est-ce pas ? »[3].

Et si Socrate accepte aussi facilement l'objection qui lui est faite et la suggestion qui lui est proposée, c'est qu'il connait bien le travers de l'homme engagé dans le devenir sensible. Celui-ci n'accepte pas de se limiter à

1. *Ibid.*, 372 *ab* (trad. Chambry, *Belles-Lettres*).
2. *Ibid.*, 372 *cd*.
3. *Ibid.*, 373 *a*.

la satisfaction des besoins ; il s'inscrit dans le tumulte
des désirs ; l'existence sociale lui a révélé la diversité
de ces derniers et lui offre les moyens de les accroître
encore en nombre et en intensité. Il ne sait pas résister
à cette tentation, une tentation qui est inscrite dans
son statut d'être soumis aux pulsions d'ici-bas et avec
laquelle le philosophe doit compter.

En d'autres termes, lorsqu'on veut réfléchir sérieusement à l'organisation de la Cité des hommes, il faut
tenir compte fondamentalement du fait que, quelle
que soit la rationalité présidant originairement à l'existence sociale, les deux virtualités de la justice et de
l'injustice, du bon ordre et du faux ordre sont également
données. Il s'agit donc ici, grâce à la puissance de discernement qu'apporte l'exercice dialectique, de calculer,
de composer selon des critères assurés afin de proposer
un modèle politique correspondant à la fois à l'exigence
profonde et aux faits éprouvés.

Précisons donc notre question : à quelles conditions
une Cité peut-elle vivre, c'est-à-dire se maintenir *indépendante* et *unie* alors qu'elle est rassemblement d'hommes en qui se mêlent, selon une proportion difficilement
discernable, la force de la Raison et le poids du sensible ?

Pour que l'État reste libre, il lui faut une armée puissante, capable de le défendre victorieusement contre
toute attaque venue de l'extérieur. On sait à quel point
le problème militaire est historiquement important
pour ces Villes grecques qui ne cessent de guerroyer
et sont en proie à la maladie de l'impérialisme. En cette
matière, comme en bien d'autres, la politique platonicienne s'oppose à celle qu'avait adoptée Athènes. La
démocratie athénienne est d'abord une démocratie

militaire : non seulement tout citoyen est appelé à donner son avis en matière stratégique et à désigner généraux et amiraux, mais encore, s'il est en âge de porter
les armes, il est constamment mobilisable et, comme
combattant, reçoit une solde. Platon juge absurde de
confier le sort de la collectivité à des « paysans ou à des
artisans », excellents peut-être en leur spécialité, mais
peu formés intellectuellement, vulnérables aux passions,
mal entraînés physiquement et techniquement. Il est,
dirons-nous, résolument partisan de l' « armée de métier »
(notons, à ce propos, qu'on ne peut pour autant en
faire simplement le disciple de la pratique spartiate : à
Sparte, en effet, c'est aussi une sorte de « démocratie
militaire » qui est instituée, compte tenu du fait que seuls
sont considérés comme *citoyens* les membres d'une caste
fort restreinte). Il importe donc d'abord, pour que la
Callipolis se maintienne, que soit recrutée, formée,
installée dans son commandement et ses responsabili-
tés, une classe de *gardiens*, administrateurs et guerriers.

Mais Platon sait bien que la mort des cités vient moins
de ses ennemis extérieurs que de la désunion s'insinuant
dans le corps des citoyens et le rendant d'une fragilité
telle que la moindre secousse entraîne sa perte. Il faut,
par conséquent, que soient expulsés de l'État tous les
germes de division ; il faut que soient supprimés tous
les écrans s'interposant entre l'État souverain et l'individu de telle sorte que celui-ci n'ait d'autre thème à sa
volonté de reconnaissance que la reconnaissance que
lui offre celui-là. Quelles sont les pseudo-réalités qui
oblitèrent la relation qui unirait légitimement le citoyen
et cette raison réalisée que devrait être la Cité ? La
famille d'abord, le rapport parental qui tissent un réseau

de justifications à côté de l'État, qui nourrissent de prétextes faussement sociaux les ambitions personnelles, qui confèrent la sacralité à une conjonction contingente et animale. La famille — et cela qui la constitue : le patrimoine et les enfants — doit être abolie. Doit être supprimée aussi l'irrationnelle division du travail sexuel qui relègue les femmes dans ces tâches privées que sont l'enfantement et la galanterie : la femme — en dehors de fonctions physiologiques qu'il est possible de réglementer — peut assurer, selon les capacités que lui a données la nature et qui sont grandes, tout autant que l'homme, les devoirs de la citoyenneté et s'employer à la défense de l'État.

Quant à la division du travail social, celle qui domine aussi bien dans les nations barbares qu'au sein des collectivités « civilisées », elle est actuellement livrée au hasard. Ainsi se constituent, entre autres, des groupes professionnels, cimentés par des intérêts particuliers et fallacieux, qui, de par leur existence même, contestent l'autorité de l'État et tendent, de toutes leurs forces, à s'y substituer ou à faire une séditieuse pression sur lui. Qu'il faille distribuer les fonctions à l'intérieur de cet organisme différencié qu'est la Cité, cela est évident. Que cette distribution s'opère sans contrôle, qu'elle résulte d'une tradition sclérosée — ce qui est, d'ailleurs, moindre mal — ou d'un devenir aberrant — comme c'est le cas à Athènes — dans les deux éventualités, la cohésion de l'État en pâtit. Il importe donc que soit répartie autrement, selon d'autres critères, la tâche sociale de chacun.

En proposant cette utopie, le « réactionnaire » Platon achève paradoxalement le programme du civisme démo-

cratique. En effet, toutes les réformes juridiques, sociales, politiques qui jalonnent la démocratisation
d'Athènes de Dracon et Solon à Éphialte et Périclès
tendent à libérer l'individu des déterminations contin-
gentes que sont les appartenances familiale, locale ou
professionnelle, à le laisser seul et libre face à la loi
universelle, reconnue de tous, qui le promeut — qu'on
nous pardonne cet anachronisme — « comme législateur
et sujet ». Or, l'opération conduit à instaurer, nous dit
Platon, une « égalité arithmétique » qui fait de chaque
citoyen l'identique de tout autre, quels que soient son
talent et sa qualification. Elle méconnait un ordre
imposé, qui est celui du *cosmos* ; elle introduit une violence dont nous savons qu'elle ne peut manquer d'avoir
des conséquences douloureuses...

A cette égalité qui institue un ordre faux, il convient
de substituer une proportionnalité correspondant à la
« nature des choses ». Celle-ci est seule capable d'éliminer
foncièrement les groupes sociaux s'interposant entre les
individus et l'État : le régime démocratique ne les sup-
prime qu'abstraitement ; il faut en exclure concrètement
la possibilité ; or, pour atteindre ce résultat, il suffit
— la tâche est théoriquement simple, mais pratiquement
d'autant plus difficile à réaliser que l'homme est désespé-
rément tributaire du sensible — de suivre les indications
que donnent l'ordonnance de l'âme et celle du *cosmos*.

La première tâche, nous l'avons vu, est de former des
gardiens. Les gouvernants de la *Callipolis* opéreront
une sélection : ils soumettront, dès leur jeune âge, les
futurs citoyens à des épreuves permettant de distinguer
ceux qui sont irrémédiablement soumis aux intérêts
matériels, ceux en qui l' « âme désirante » domine et

ceux que leur nature promet à un meilleur destin. Ainsi
seront mis à leur place respective ceux qui ne peuvent
participer à la société qu'en étant des *gens de métiers*,
engagés dans les tâches matérielles de la production
des biens immédiats, et ceux qui, sur cette base indispensable et cependant médiocre, auront à faire exister
ce qui est divin en l'homme : l'Esprit.

Cependant, la vie selon l'Esprit (ou la Raison) n'est
donnée, ici-bas, qu'à ceux qui la conquièrent. Les caractères d'or et d'argent — les caractères de bronze étant
définitivement rejetés dans la classe des agriculteurs,
des artisans, des manouvriers — auront à subir une dure
initiation civique. Adolescents encore, on leur appren-
dra, lors d'exercices militaires et de chasses dangereuses,
à risquer leur vie ; la gymnastique aguerrira leur corps ;
la musique — une musique qui ne concède aux douceurs
sentimentales — introduira en leur affectivité la bonne
régulation. Cette formation conférera à l' « âme coura-
geuse » une maitrise absolue sur la « désirante ».

Une fois éduqués, les *gardiens* seront insérés dans une
structure sociale leur permettant de remplir pleinement
leur charge et de vivre pour l'État. Hommes et femmes,
rappelons-le, participeront, selon leurs capacités, à la
défense et à l'administration de la collectivité. Aucune
institution familiale ne subsistera plus : il y aura une
communauté des femmes. Celle-ci ne signifie nullement
que régnera la promiscuité sexuelle : elle veut dire seulement que la relation de *cet* homme et de *cette* femme
comme constituant un lien durable et juridiquement
légitime sera abolie, que les dirigeants auront à fixer,
selon les règles de l'eugénisme, — les citoyens et les
citoyennes, maitres de leur corps, s'abstenant, autre-

ment, de tout rapport sexuel — qui doit se « marier »
avec qui et quand la période est la plus favorable.

Par conséquent, les enfants seront communs. Élevé
par les soins de l'État, ne connaissant ni son père ni sa
mère « biologiques », l'enfant considérera comme étant
ses parents tous ceux de la génération précédente et leur
accordera indistinctement son respect et son obéissance.
Libérés de la sujétion de famille, les *gardiens* le seront
aussi de celle de la propriété : ils vivent en commun des
ressources que leur apportera la classe inférieure qu'ils
organisent et protègent. Aucun intérêt, les détournant
de leur fonction primordiale, qui est de maintenir, dans
et par l'État, la rationalité, ne leur sera ainsi proposé :
ni l'amour charnel d'une femme, ni le sentiment paternel,
ni le souci d'accroître le patrimoine...

Communauté des femmes, des enfants, des biens :
telles sont les prescriptions grâce auxquelles sera rendue
possible la complète adhésion du citoyen à l'État. Il
faut encore, toutefois, que ces conditions imposées par
l'Idée même de la collectivité rationnelle puissent être
réalisées. La *Callipolis* n'accédera à l'existence que si le
pouvoir est donné qui sache les imposer. La réponse est
présente dans la question. Celui-là qui connaît suffisamment l'essence de l'État pour prévoir les moyens permettant de l'organiser effectivement, c'est le philosophe.
La « dernière vague », nous dit Socrate dans *La République*, celle qu'il n'évoque qu'après de nombreuses précautions et qui doit tout emporter, tient en une brève
formule : *il faut que le philosophe soit souverain ou que le
souverain naisse philosophe.*

Il faut que le pouvoir absolu de décision appartienne
à un homme qui sait, qui a le privilège (ce privilège con-

féré à ceux qui sont parvenus à s'abstraire du sensible)
de la contemplation. Après les désordres exaltants et
navrants du ve siècle, le ive siècle voudrait trouver le
dirigeant, le souverain capable d'imposer aux Grecs
la paix, une paix génératrice de bonheur et d'efficience.
Xénophon, qui n'est pas à une confusion près, exalte
tout à la fois le sage Socrate et Cyrus, le héros intelligent, et s'engage lui-même dans une expédition mer-
cenaire qui aurait dû lui rapporter la puissance et la
fortune. Isocrate, lorsqu'il abandonne sa profession de
rhéteur, s'engage dans la recherche du chef grec (ou para-
grec) qui saura, par la netteté de ses volontés, faire taire
les dissensions entre fils d'Helen et unir ces derniers
en un projet commun. Le siècle de Platon est en quête
de l'homme providentiel.

Platon lui-même ne s'est-il pas adressé aux deux
Denys, tyrans de Syracuse ? Mais son but n'a pas été —
comme celui d'Isocrate, par exemple — de rechercher
simplement une autorité pacifiante : il espérait, par ses
conseils, rendre ces dirigeants philosophes. En fait, un
tel souverain est présenté dans *Le Politique*[1] comme se
trouvant au-dessus de la légalité même : il peut exiler
et tuer pour préserver l'État de tout germe de corruption ; il a le droit de mentir et de truquer les cérémonies
religieuses pour préserver la pureté de la race. Puisqu'il
connaît l'idée de justice, il prendra légitimement, en
des cas exceptionnels, des décisions en contradiction
avec les dispositions formelles de la loi.

Mais voyons comment est organisée la *Callipolis*,
dans la situation pure, abstraite et normale que se

1. 293 *de.*

donne Platon dans *La République*. Au plus bas niveau, la classe des producteurs constituée par ceux que les pré-sélections auront révélés, comme étant des « caractères de bronze », des hommes en qui l'âme désirante est prédominante, à qui la nature n'a donné qu'un courage et un intellect restreints. En ce qui les concerne, il n'est guère nécessaire de préciser leur statut économique et social : ils sont dans le labeur et, du coup, doivent rester dans l'obéissance. La déficience naturelle qu'ils supportent, le seul moyen d'y remédier est qu'ils soient mis à leur place, la plus basse. La pulsion qui les domine et les entraîne à s'intéresser à la matérialité, elle se trouve en quelque manière honorée puisque l'État la consacre aux réalités corporelles ; mais puisqu'eux-mêmes sont maintenus dans la dépendance, elle est matée, réduite à la situation d'infériorité qui lui convient. Ainsi, pour leur plus grand avantage et pour le bien de la collectivité, les « caractères de bronze » réalisent leur vertu, qui est la *tempérance*.

Au niveau supérieur, il y a les gardiens-guerriers — les « caractères d'argent ». Ceux-ci ont prouvé, lors des concours auxquels ils ont été soumis, qu'ils savaient résister aux caprices de la matière et aux illusions de la perception. Gymnastique et musique — exercices dont les règles ont été fixées par les gouvernants selon les principes de la rationalité — leur ont permis de faire de « leur corps un bon serviteur de l'âme ». Ils se savent dévoués à la défense de l'État : ils sont des pasteurs qui ont pour seul soin la sauvegarde du troupeau. En eux l'emporte la vertu qui correspond à l' « âme moyenne », celle qui a son siège dans le cœur : le courage. Le courage lui-même est une faculté médiane puisqu'il a l'impétuosité propre aux pulsions corporelles et, en même temps, la mesure et le contrôle qui sont le fait de l'esprit calculateur. Toutes les précautions sont prises d'ailleurs — nous venons de le voir en rappelant les thèses « communistes » de Platon — pour qu'aucun désir ne vienne perturber cette ordonnance psychique et politique.

Un architecte — ou un collège d'architectes — sont maintenant nécessaires. Durant tout le temps de leur service, les guerriers continuent d'apprendre. Les mieux doués d'entre eux, ceux qui se révèlent « caractère d'or », recevront l'éducation supérieure. Ils ont prouvé qu'ils avaient définitivement vaincu non seulement les irrationalités de la matière, mais encore les excès toujours possibles de l'affectivité. On leur enseignera à se détacher plus encore des séductions du sensible, à fonder de plus en plus solidement leur refus de l'illusion. Les exercices arithmétiques et géométriques, l'analyse du mouvement abstrait, la compréhension des harmonies idéales présidant à cette réalisation médiocre et partielle qu'est la musique du flutiste et du cithariste les convaincront que la perception est *essentiellement* mensongère et les familiariseront avec l'usage du concept... S'ils se révèlent dignes, si la nature les a bien constitués d'or, alors ils accéderont à la science suprême : la dialectique...

S'ils parviennent à la pratiquer correctement, s'ils apprennent l'usage vrai du langage, qui est révélateur de l'Essence et du système des Essences, s'ils savent faire du dialogue autre chose qu'une joute vaniteuse ou la simple juxtaposition de monologues sourds, alors ils en viendront à la contemplation des Idées. Cette réussite leur imposera un devoir : de même qu'il sera imposé aux producteurs de produire dans la tempérance et aux guerriers d'agir selon le courage, de même ils seront obligés d'administrer selon l'esprit. La vertu qui est leur propre trouvera, de la sorte, sa réalisation, pour le bien de la collectivité. Puisque l'âme intellectuelle est, en eux, dominante, ils auront à l'employer et à la faire valoir... Sans doute ne seront-ils guère satisfaits d'avoir à consacrer l'énergie divine dont ils bénéficient à l'organisation du domaine sensible. Ils préféreraient, bien sûr, se livrer, sans souci, aux jouissances d'une contemplation qu'aucune sollicitation matérielle ne vienne perturber. Et, cependant, ils comprendront que leur destin est lié au triomphe de cette rationalité qu'ils incarnent (nous reviendrons sur ce point).

La collectivité aura tout à gagner à leur « sacrifice » : ces hommes, qui vont avoir à gouverner, n'ont aucun intérêt personnel à le faire ; ils n'assument cette charge que dans la mesure où l'ordre cosmique la leur impose ; ils n'auront, dès lors, aucune envie — comme le font les dirigeants actuels — de faire main basse sur l'État ou de pratiquer une politique avantageuse à leur groupe. On les récompensera d'ailleurs de leur dévouement : Socrate prescrit « que, avec le déclin de leurs forces et une fois retirés des fonctions publiques et libérés des obligations militaires, il leur soit permis de paître en liberté sans s'occuper à rien d'autre qu'à ce qui est passe-temps, s'ils doivent vivre heureusement et, après leur mort, asseoir sur la vie qu'ils auront vécue le lot qui, là-bas, convient à une telle vie » [1].

Ainsi la *Callipolis* réalise la justice. Platon a précisé que la Cité devait savoir limiter son extension territo-

---

1. *La République*, VI, 498 *bc*.

riale et sa démographie (cinq mille citoyens, au plus, dit-il) ; que les prescriptions des magistrats-philosophes concernant les « mariages », l'éducation et l'administration soient soigneusement respectées et qu'aucune dérogation, en aucun domaine, ne soit jamais autorisée. De la sorte, dominera l'*ordre*, l'ordre générateur de satisfaction. *Cosmiquement*, la promesse que fait la nature lorsqu'elle engendre des caractères de bronze, d'argent et d'or sera tenue et rendue effective. *Politiquement*, régnera la justice puisque chaque classe réalisera la vertu qui lui est propre pour le bien de la communauté. « *Psychologiquement* » et « *moralement* », chaque individu trouvera en cette organisation qui lui est imposée le moyen de savoir à quoi il est destiné et de donner à la force qui est en lui dominante — le désir, l'impétuosité ou l'intelligence — la vertu qui modère et, en même temps, accomplit — respectivement : tempérance, courage et savoir.

Platon nous enseigne ainsi ce qu'est la justice : non point une vertu, mais une harmonie, un ordre ou un sens, qui met à leur place chacune de ces « vertus partielles » que sont les vertus particulières. Il le fait en analysant un modèle idéal. Plus tard, quelque trente ans après, comme renforcé dans ses convictions théoriques et, à la fois, plus soucieux de tenir compte des motivations concrètes qui animent les citoyens, il présente dans *Les Lois* une « cité de second rang ». *La République* se situait au niveau des Essences ; dans *Les Lois*, il s'agit d'élaborer la constitution d'une « ville coloniale » ; c'est à l'homme grec du IVe siècle que nous avons affaire, avec ses habitudes, ses déceptions et ses espoirs ; les problèmes posés sont, comme on dit, plus concrets :

où établirons-nous la ville, près ou loin de la mer ?
Quel rôle y jouera l'argent ? Quelle sera la place du
commerce ? Comment les gouvernants parviendront-
ils à imposer aux citoyens leurs décisions ? Quel sera
le rôle de la religion, de l'activité esthétique ?

Nombre de commentateurs ont vu dans ce dernier
texte de Platon — inachevé — une sorte de repli
ou de concession : la réalité historique lui aurait
appris à n'être plus aussi exigeant, à concéder, entre
autres, que les motivations religieuses et familiales
sont si fortes qu'il est dangereux de les méconnaître,
que les règles concernant la communauté des femmes
et des enfants, pour justes qu'elles soient théoriquement,
sont pratiquement inapplicables, que l'« égalité fonc-
tionnelle » de l'homme et de la femme est une idée
abstraite, bref, que la théorie définie en termes idéaux
doit céder le pas à une conception technique plus
modeste.

Il est vrai que *Les Lois* développent des perspectives
qui sont en retrait par rapport aux déductions rigou-
reuses de *La République*, que la *Nouvelle Magnésie*
(dont il s'agit de définir la constitution) n'accepte qu'une
faible partie du programme mis au point pour la *Callipolis*. Nous ne pouvons pas, ici, analyser les dispositions constitutionnelles adoptées pour « la cité de
second rang », ni apporter la richesse, l'ingéniosité et
la profondeur des réflexions politico-morales qui foi-
sonnent dans ce dialogue.

Il y a certes des différences entre la *Callipolis* et
la *Nouvelle Magnésie*. Mais, d'un texte à l'autre, la
même perspective demeure. Il s'agit toujours de sauvegarder, par tous les moyens et tenant compte de la

nature du matériau sur lequel on a à opérer, l'indépendance et l'unité qui constituent le Bien de l'État ;
il faut y combiner des éléments divers selon « la triple
forme de la Beauté, de la Proportion et de la Vérité » [1].
L'Athénien, porte-parole de Platon, entre en maints
détails législatifs, administratifs et juridiques. Il parle
en *nomothète*, en homme à qui on a demandé de fixer
d'une manière précise une constitution et un code civil
et pénal — éventualité qui, en cette époque où conti-
nuaient de se fonder des Cités « coloniales », n'est pas
historiquement absurde — ; il construit une *utopie* dans
laquelle rien n'est laissé au hasard, ni la répression
des délits pour coups et blessures ni l'ordonnance des
mariages, il offre un modèle soigneusement diversifié...

Ce modèle n'est pas moins exigeant cependant que
celui présenté par Socrate dans *La République* : il
prend pour assiette une hypothèse différente. C'est
l'homme déformé — venant d'Athènes, de Corinthe
ou de Thèbes — qu'il faut organiser, en tenant compte
du fait qu'on n'a pas eu le loisir, comme le suppose
La République, de l'éduquer dès sa naissance. Comment
redresser l'homme perdu, l'homme grec du IVe siècle,
alors que la Cité n'est plus qu'une « vieille en savates
et gorgée de tisanes », c'est à ce projet que s'attache
le législateur des *Lois*.

Aucune concession n'est faite aux régimes existants :
il s'agit de montrer qu'avec le matériau qui est imposé
à ceux-ci, ils pourraient, quelles que soient les res-
trictions que leur impose leur tradition, s'organiser
dès maintenant selon une rationalité acceptable. L'A-

1. *Philèbe*, 65 *a*.

thénien des *Lois*, c'est le philosophe, c'est encore Platon, c'est, décidément, Socrate.

Si, aujourd'hui, les gouvernements se consacraient à cette tâche moyenne, ils contribueraient déjà à accroître le taux de rationalité du réel. Car c'est cela qui est en question. L'œuvre politique s'insère dans le cours du monde. Pour mieux comprendre cet aspect, il convient d'analyser les traits principaux de la philosophie platonicienne de l'histoire, une philosophie de l'histoire qui pose le problème du destin des âmes.

Certes, il peut paraître paradoxal de parler de philosophie de l'histoire en ce qui concerne Platon. N'est-il pas bien entendu que les Grecs n'avaient pas le sens de l'historicité, qu'ils ignoraient la notion d'un cours dramatique et original du devenir humain et qu'ils privilégiaient spontanément la Nature qui, cycliquement, se répète, par rapport au Temps qui, tel que nous le concevons aujourd'hui, considère tout événement comme un avènement ? N'est-il pas admis que l'idée d'une *histoire* — dans le double sens d'ensemble réel d'actes accomplis et de récit visant à les rendre intelligibles (ou significatifs) — a été apportée par la conception hébraïco-chrétienne ? Cette perspective, couramment acceptée à notre époque, n'est certes point fausse. Elle demande toutefois à être singulièrement nuancée. Il n'est pas vrai, tout d'abord, que le message de l'Ancien et du Nouveau Testaments conduit, directement et sans difficultés, à une compréhension correcte de la situation historique de l'homme : saint Augustin, Bossuet sont des apologétistes et non des historiens ;

il faudra que s'imposent les concepts physiciens issus
de la révolution galiléo-cartésienne pour que les notions
déposées par le christianisme soient reprises et vivi-
fiées et pour qu'ainsi soient constitués les principes
d'une histoire scientifique.

Il n'est pas vrai, non plus, que les Grecs furent
fermés à l'historicité. L'*Enquête* d'Hérodote, l'*Histoire
de la guerre du Péloponnèse*, en un bien moindre sens
Les Helléniques de Xénophon sont des récits d'historiens.
Le destin sensible et profane de l'homme y est constamment souligné ; le mythe, l'interprétation légendaire
y sont souvent contestés au profit d'une rationalité qui
trouve sa légitimation dans le présent, en cela même
que vit le citoyen, l'homme, soldat, père de famille,
consommateur, producteur, qui bavarde avec ses voisins
et risque de se faire tuer loin de l'autel de ses ancêtres.
Les Grecs n'avaient aucun concept pour penser la
temporalité que nous tendons, *nous*, à tenir — légitimement, sans doute — pour réelle. Ils ne purent
manquer cependant de l'intégrer et de la réfléchir dans
la mesure où elle s'imposait à eux effectivement — à eux
qui ne cessaient de parler et de chercher à savoir ce
que véhicule la parole — sous l'aspect de décisions
politiques, de combats où se jouait le terrible enjeu :
la mort, l'esclavage ou l'indépendance.

Thucydide — héraut de Périclès — est lui-même le
héros et aussi le porte-parole de cette lutte pour une
rationalité nouvelle. Le devenir est foisonnant dans
cette Grèce des ve et ive siècles : au ve siècle, il se
laisse encore dominer et Thucydide, génialement, nous
le rend intelligible ; au siècle suivant, il s'effrite, se
perd en conflits mesquins, s'abandonne à son inertie.

Xénophon veut sauver l'homme par la moralisation, Isocrate par la rhétorique efficace. Platon, lui, invente la philosophie de l'histoire comme genre culturel et comme manière de penser.

La philosophie de l'histoire se nourrit d'événements ; mais elle ne les prend pas comme tels ; elle les transforme en significations, elle leur confère un sens qui se trouve légitimé du seul fait qu'ils s'inscrivent dans une vision totalisante. Aujourd'hui que le matériau historique est de mieux en mieux contrôlé, que s'instaure une histoire de plus en plus scientifique, l'entreprise paraît dérisoire : elle est métaphysique. Au ive siècle avant notre ère, elle possède un sens tout différent.

Il s'agit de faire échec, d'une part, à Calliclès, symbole de ces hommes qui pensent qu'il n'y a d'autre signification à l'activité que la jouissance que chacun, selon son énergie, en peut individuellement tirer et, d'autre part, aux mythes anciens, aux légendes qui encombrent la pensée de leurs traditions confuses et immorales. Platon reconstitue ainsi abstraitement le devenir de l'humanité afin de fournir à ses contemporains un modèle leur permettant de comprendre le chemin de la dégénérescence et, éventuellement, de résister aux séductions qu'il possède. Ce modèle se présente sous deux aspects : il y a, pourrait-on dire, en paraphrasant la pensée moderne, d'une part, « un discours sur l'histoire universelle » — présenté selon deux versions, un peu différentes par *La Politique* et par *Les Lois* — de l'autre, une analyse « des causes de la grandeur et de la décadence » d'une cité, développée dans le livre VIII de *La République*. A ces textes, il faut ajouter les énigmatiques passages du *Timée* et du *Critias* où sont décrites les constitutions très anciennes d'Athènes et de l'Atlantide...

Souscrivant à un donné légendaire très largement répandu à travers les cultures du monde entier, Platon présente la situation originaire de l'humanité comme état de quasi-perfection, comme *âge d'or* : « au début », la relation de l'homme avec les dieux, avec la nature, avec les autres hommes était de bonne convenance ; nul décalage, nulle dysharmonie n'intervenait et le devenir s'accomplissait non comme une dégénérescence, mais comme répétition d'éventualités heureuses. Car il y avait devenir : il le faut bien, puisque tel est le statut de ce qui n'est point divin. Mais ce devenir ne portait pas en soi le principe du déclin et du dérèglement. Comment pouvait-il en être ainsi ? Comment Platon peut-il disjoindre temporalité et malheur, alors que c'est là, semble-t-il, un des éléments fondamentaux de sa conception ? A cette question, *Le Politique* répond par un mythe admirable et étrange. Le devenir de ce vivant qu'est le Monde est cyclique : en effet, en tant qu'il participe au non-divin, le Monde *doit* être en mouvement ; mais il a rapport aux dieux qui l'ont modelé. Il se mouvra donc, mais selon un mouvement qui se rapproche autant qu'il est possible du repos : c'est le mouvement circulaire qui, certes, est écoulement, mais qui, revenant sur soi, présente une image de l'immobilité.

Cependant, sa nature matérielle l'entraîne, au cours de chacun de ces cycles qu'il accomplit, à aller dans le sens de la dégénérescence, du vieillissement. A moins que, par un soin spécial, les dieux n'interviennent : ils font alors tourner le monde dans l'autre sens :

reportons-nous au moment où, une fois, par le passé, cette impulsion fut donnée : « Quel que fût alors l'âge de chacun des animaux, cet âge, chez tous, eut un point d'arrêt initial, et tout ce qu'il y avait d'êtres mortels, cessant de s'acheminer vers les signes apparents du vieillissement progressif, se modifia au contraire dans le sens inverse ; c'est-à-dire qu'il devenait chaque jour plus jeune et de formes plus délicates : les cheveux blancs des vieillards tournaient au noir ; ou bien encore, les joues de ceux qui avaient de la barbe recommençaient à se polir, cela remettait chacun d'eux au temps où approche la fleur de l'âge ; quant à ceux qui en étaient à la puberté, leurs corps prenaient du poli, diminuaient de taille chaque jour, pour en revenir à l'état naturel de l'enfant nouveau-né, auquel ils finissaient par ressembler, aussi bien du point de vue de l'âme qu'à celui du corps ; en suite de quoi, continuant désormais à se consumer, ils s'anéantissaient, ma foi ! totalement » [1] ; « la nature, en ce temps-là, ne comportait pas d'espèce humaine résultant de la génération mutuelle » : les vivants étaient directement produits par la terre et « en harmonie avec les circonstances ».

Or, en cet âge, celui où régnait le dieu Cronos, « c'était la divinité en personne qui était le pasteur [des hommes,] ainsi que [ceux-ci] à présent, en tant qu'ils se distinguent par le caractère plus divin de leur espèce, sont les pasteurs des autres espèces animales, qui sont inférieures à la leur ; or, puisque celle-ci était leur pasteur, il n'y avait point besoin de constitution politique ;

1. *Le Politique*, 270 *de*.

ils ne possédaient point une femme et des enfants :
au sortir de la terre, ils revenaient tous à la vie, sans
avoir gardé aucun souvenir des conditions antérieures
de leur existence... Les arbres... leur fournissaient des
fruits à profusion, qui ne réclamaient point d'être
produits par la culture, étant au contraire une contribution spontanée de la terre... Ils vivaient nus, dormant
au pâturage, le plus souvent sans lit, à la belle étoile :
c'est que, par la façon dont les saisons étaient tempérées,
ils étaient préservés d'avoir à en souffrir ; c'est aussi
que molles étaient leurs couches, étant faites de gazon
qui à profusion poussait de la terre » [1].

« Par rapport au bonheur, les gens de ce temps-là
étaient mille fois supérieurs aux hommes d'à présent » [2] :
ils étaient « pourvus d'un copieux loisir et de la faculté
de pouvoir nouer un commerce de conversation, non
point seulement avec les hommes, mais encore avec
les bêtes » ; ceux-là pratiquaient véritablement la
philosophie et ne recherchaient que l'enrichissement
de la pensée ; régentés par les dieux, ils tendaient sans
cesse et sans effort à faire triompher en eux le divin.
Cependant, devait passer le temps de la félicité. Quand
le moment fut venu, « celui qui conduit le navire de
l'univers, ayant pour ainsi dire abandonné la barre
du gouvernail, alla se retirer dans la guérite de guet,
tandis que le monde faisait marche arrière, cédant à son
penchant prédestiné et congénital » [3]. Se produisit alors
un énorme ébranlement, nous dit encore *Le Politique*,
consécutif au changement de sens, ébranlement au cours

1. *Ibid.*, 271 a-272 a.
2. *Ibid.*, 272 c.
3. *Ibid.*, 272 e.

duquel de nombreuses espèces d'animaux furent détruites ; puis l'extrême agitation se calmant peu à peu, la direction nouvelle s'imposa : « Ceux des animaux qui étaient en train de rapetisser au point, ou peu s'en faut, de s'évanouir complètement, se mettaient à grossir ;... ceux dont le corps était fraîchement sorti de la terre grisonnaient au cours de leur développement, et, une fois morts, rentraient à nouveau dans la terre » [1]. Abandonnés à eux-mêmes, les animaux, les hommes, pour subsister, furent contraints de se reproduire, de se nourrir par leurs propres moyens, d'accepter le gouvernement d'eux-mêmes.

Les Lois, qui restent fort discrètes sur cette situation précataclysmique, évoquent les légendes « d'après lesquelles la race humaine a à maintes reprises subi d'importantes destructions du fait de déluges, d'épidémies et de quantités d'autres causes » [2] et y souscrivent. De la même manière et sans qu'aucune autre précision soit donnée, le livre VIII de *La République* indique que la Cité idéale, dont la constitution vient d'être soigneusement détaillée, *doit* dégénérer : les magistrats ne surveilleront pas avec une suffisante attention les unions, les caractères d'or et caractères d'argent et de bronze se mêleront et, dès lors, l'injustice s'introduira...

C'est l'état même de l'humanité qui veut qu'elle soit consacrée à la *perte*. Ce qui a été, à l'« origine » — une origine toujours présente, puisque le cycle garantit l'éventualité de sa réapparition — c'est la convenance universelle. Ce qui est, ce qui constitue le « commence-

---

1. *Ibid.*, 273 e.
2. *Les Lois, III,* 677 b.

ment de l'histoire », pour nous qui sommes dans la
période à la fois rétrograde et naturelle du devenir, c'est
le décalage, l'inadéquation, le mal à l'aise. Acceptons
cette situation où la nécessité du malheur le dispute à
l'exigence du Bien. Et tentons de comprendre le processus qui a conduit au désordre contemporain.

Au début, à ce nouveau début qu'est le commencement de la période postcataclysmique, la matérialité
l'emporte sans que, toutefois, l'injustice soit triomphante : les hommes doivent se battre contre les animaux redevenus sauvages ; ils sont tous dans le dénuement et ne savent point comment faire pour survivre ;
dans *Les Lois*, Platon présente leur pauvreté comme
significative de vertu ; entre eux, en effet, la compéti-
tion ne s'introduit pas : « pauvres, ces hommes ne
l'étaient pas certes du fait que telle était leur condition ;
la pauvreté ne les forçait pas non plus à être en dissen-
timent les uns avec les autres ; riche, d'autre part, on
ne l'est jamais devenu quand on ne possède ni or, ni
argent » [1].

Ils étaient *naïfs* et savaient, de la sorte, réaliser la
plus haute noblesse morale : « ce qui leur était présenté
comme moralement beau et moralement laid, dans leur
naïveté, ils le considéraient en effet, en l'écoutant, comme
la chose la plus vraie du monde et ils s'y conformaient ;
aucun d'eux n'avait, ainsi que cela se passe aujourd'hui,
le talent de savoir y soupçonner la fausseté ! Au contraire, ce qui leur était dit sur les Dieux et sur les hommes,
ils le tenaient pour vrai, et ils vivaient en accord avec
cette croyance » [2].

1. *Ibid.*, 679 *b*.
2. *Ibid.*, 679 *c*.

En eux, donc, il ne pouvait y avoir « ni démesure ni injustice, non plus que rivalités et jalousies ». La politique n'avait point sa place : ces hommes n'avaient pas besoin de *lois écrites* ; des coutumes, ces lois qu'on appelle « traditionnelles », suffisaient. Les petits groupes qui avaient échappé au cataclysme vivaient encore dans la frugalité patriarcale : chacun, obéissant au plus ancien comme on obéit à un père bienveillant et celui-ci exerçant son autorité paternelle, se plaisait à une *autarcie*, à une indépendance économique, sociale et affective. Une image des temps anciens et bienheureux, antérieurs au changement de sens, se trouvait ainsi réalisée...

Elle ne pouvait s'imposer durablement : il fallait que ces familles s'accroissent, se réunissent pour former des communautés plus vastes : « un plus grand nombre d'individus s'assemblent en communautés, constituant de plus vastes organisations politiques, et ils se mettent à faire de premières cultures au pied des montagnes, et, à cause des bêtes sauvages, ils les protègent par une clôture de haies en guise de muraille, réalisant une communauté unique de quelque importance » [1]. Or, chacun de ces groupes, représenté par le plus ancien de ses membres, apportait, lors de la confédération, certaines coutumes, relatives aux dieux et aux hommes, qui lui étaient propres. Il fallait cependant que l'unité s'impose : la politique survint. On dut désigner des législateurs qui fixent les règles applicables à tous, qu'on s'entende sur son « exécutif »... *Les Lois* analysent les modalités diverses selon lesquelles se constituent les Cités...

1. *Ibid.*, 680 *e*-681 *a.*

En tout cas, avec la politique — cette politique empirique qui est liée aux motivations d'une humanité désormais soumise à devenir — s'introduit l'histoire et, avec
elle, l'éventualité de plus en plus menaçante et nécessaire de l'injustice. Le livre VIII de *La République* — se
référant à un modèle différent, plus abstrait encore —
explique comment la dégénérescence, psychologiquement
et sociologiquement, s'impose. Socrate suppose la Cité
idéale, la *Callipolis*, réalisée : réalisée, c'est-à-dire existante, soumise au principe de la matérialité, à cette malheureuse nécessité qui engendre inéluctablement le désordre. Les causes de la désorganisation sont difficilement
décelables : elles interviennent subrepticement, parce que,
par exemple — comme nous l'avons déjà signalé — les
magistrats ne prêtent pas une suffisante attention aux
mariages. S'il se trouve que, de cette façon, se substituent aux caractères d'or, tout entiers dévoués à la connaissance, des caractères d'argent, dont la vertu n'est
point savoir, mais courage et qualité guerrière, alors
commence un processus tragique. Dans la Cité, le
changement est d'abord insensible : les gardiens continuent de veiller honnêtement au bien-être des citoyens ;
ils exercent correctement leur vertu ; mais, comme ils
n'ont plus le soutien de la connaissance vraie, ils laissent
se développer le vice qui est inhérent à leur statut. Soldats conquérants, ils matent les désirs que leur inspire
le corps, mais ils ne peuvent s'empêcher d'accumuler
dans leurs caves les signes de leur suprématie : l'or caché,
symbole de leur excellence, devient leur justification.

Les fils de ces hommes-là, qui n'ont jamais reçu la
bonne éducation, n'auront pas de semblables scrupules :
ils voudront jouir de ces trésors et les étaleront aux

yeux de tous ; au régime fondé sur l'honneur — la *timo-cratie* — succédera cette oligarchie dont le principe est la possession. Platon s'est-il inspiré, pour décrire ce déclin politique, de l'évolution de Sparte, qui, semble-t-il, est passée, du ve au ive siècle, de l'unique préoccupation des armes à celle d'une jouissance de plus en plus avouée ? En tout cas, l'argent le cède au bronze. Ces nouveaux dirigeants sont d'une médiocre trempe : lorsque éclate la sédition qu'engendre normalement la richesse insolente qu'ils manifestent, ils ne savent pas résister. Les pauvres, largement majoritaires, exigent le partage des biens et l'obtiennent...

S'instaure alors la démocratie : nous savons ce qu'en pense Platon. Elle prétend réaliser pleinement le citoyen et faire valoir l'idée même de loi. Elle ne fait que légaliser le désordre. Elle confond liberté et licence, savoir et opinion. Elle n'est pas une constitution, mais un « bazar aux constitutions »[1] où chacun choisit, selon la solution qui lui agrée, la législation qui lui convient. Immanquablement, l'anarchie devient telle que le peuple lui-même, excédé de l'anarchie, de l'impuissance à quoi il est réduit, réclame un gouvernement : il fait appel à un tyran, à un homme fort qui, entouré de ses séides, de ses « porte-gourdin », restaure l'autorité.

La démocratie, qui se voulait quintessence du régime politique, se tourne en son contraire, puisque, avec la tyrannie, toute politique — empirique ou théorique — se trouve supprimée : domine seulement le bon vouloir d'un individu dont il y a peu de chance, dont il n'y a pas la moindre chance, étant donné l'éducation actuelle, qu'il soit dévoué à la collectivité. Le tyran détruit l'État en n'en réalisant qu'une image dérisoire.

1. *La République*, VIII, 557 *d*.

La philosophie platonicienne de l'histoire est tragique.
Tout doit ici-bas se dissoudre et se perdre. La matérialité l'emporte nécessairement sur le divin, puisque, décidément, comme nous le voyions au chapitre précédent,
les hommes sont gouvernés par l'appétit, par le désir
d'une vie confortable, qui les perd, les entraîne au malheur et à l'injustice. Que signifie cependant ce schéma
de la *Callipolis* ? N'est-il qu'une construction imaginaire destinée à rassurer l'esprit sur ses capacités concep-
tuelles ? Que veulent dire les analyses du *Politique* qui
envisagent les modalités d'une puissance réellement
royale, d'un pouvoir effectivement apparié au savoir ?
Faut-il tenir les textes des *Lois* pour de simples exercices d'école ?

Nous en venons, dans la conclusion de ce dernier chapitre, à la question radicale. Elle concerne très précisément ce qu'on a coutume d'appeler l'*utopie* platonicienne. Utopique, de toute évidence l'œuvre de Platon
l'est ; mais en quel sens ? Le fondateur de l'Académie
avait-il, en quelque moment, projet et espoir d'influer
sur le destin effectif de ses contemporains ? Quelles
chances donnait-il à la philosophie — ce genre culturel
dont il venait de préciser si clairement le statut qu'on
est en droit de dire qu'il l'a inventé — d'être réellement
agissante ? En quoi la connaissance philosophique pleinement élaborée peut-elle modifier le sort de l'humanité, emportée par le rythme malheureux du devenir ?

A ces questions, *La République* fournit une première
réponse : lorsqu'il accepte d'engager « la discussion sur
le fond », Socrate précise qu'il ne va examiner le problème
de l'injustice dans la société que dans la mesure où
cette analyse lui permettra ultérieurement de mieux

comprendre la question de l'injustice individuelle : la société inscrit, en effet, en majuscule ce que l'âme présente en caractères si petits qu'ils sont difficilement déchiffrables. A l'issue du livre IX — c'est une citation que nous avons déjà faite — il déclare qu'en tout état de cause, si le modèle de la *Callipolis* n'est pas applicable politiquement, chacun a au moins la possibilité d'en user pour régler sa conduite personnelle. Or, le texte se termine par un mythe moral : la « vérité » est mise au compte d'un vaillant, Er, fils d'Arménios, Pamphylien de nation : il trouva la mort dans un combat, et, comme dix jours plus tard on relevait les morts déjà en décomposition, on le releva, lui, bien conservé ; transporté chez lui pour les funérailles, le douzième jour, placé sur le bûcher, il ressuscita, et, après sa résurrection, il raconta ce qu'il avait vu [1].

Les âmes sont d'abord jugées, par un tribunal omniscient et omnipotent, en fonction de leur comportement : les condamnations sont lourdes et les souffrances qu'elles ont infligées, par leurs agissements injustes, elles les subissent au décuple, tant dans l'intensité que par la durée. Ensuite, ayant purgé leur peine, elles sont appelées à revenir ici-bas, à retrouver un autre corps et un autre destin. Placées par la divinité dans un lot, elles ont, selon leurs mérites passés, un rang qui leur permet de choisir parmi les multiples « défroques » qui leur sont proposées ; les âmes les meilleures ont une large possibilité ; les pires doivent se contenter de ce qui leur est laissé. Or, il n'est pas rare que les âmes, jusqu'alors vertueuses, se laissent tenter par une destinée, en appa-

1. *La République*, X, 614 *b*.

rence heureuse, et décident de s'incarner dans le corps de celui qui, par exemple, sera tyran et que d'autres, promises par leur passé au malheur, fassent un choix qui les sauve...

Laissons là le récit d'Er le Pamphylien. Quelles que soient ses obscurités, il met en évidence le fait que la pratique individuelle de la justice — cette justice dont la philosophie enseigne la théorie et la pratique — garantit une satisfaction correspondant à la nature de l'âme, non seulement ici et maintenant, mais aussi dans un au-delà, dans un destin dont il est vain d'imaginer la nature. Accepter et pratiquer la conception de la justice que définit la philosophie, c'est opter, aujourd'hui et plus tard, pour une existence satisfaite.

Cette réponse — qui concerne l'eschatologie individuelle — pour importante qu'elle soit, ne révèle qu'un aspect, le plus extérieur, de l'enseignement philosophique : en l'évoquant et en recourant à ce genre de mythes, Platon veut peut-être simplement dire que, de la philosophie, on peut tirer des croyances qui sont aussi rassurantes et exaltantes que celles de la religion traditionnelle et qui ont le mérite de posséder une intelligibilité supérieure. Ce qu'il signifie toutefois plus profondément, c'est que le philosophe, dès maintenant, est détenteur d'une conception du réel grâce à laquelle la matérialité, principe du malheur, peut être mise en échec. Il faut en revenir aux énoncés du *Politique* : le monde actuel se laisse aller à la causalité maléfique ; quelque chose du divin pourtant subsiste en lui ; le philosophe en est le détenteur.

Dans un univers à l'abandon, le philosophe a à jouer — pour autant que cela lui est possible — le rôle que

jouaient les dieux au cours de la période précédente.
Ceux-ci procédaient par inspiration directe ; celui-là,
se fondant sur le fait que l'homme parle, va trouver un
substitut de l'inspiration : c'est la dialectique, l'art de
contrôler toute conduite par le discours auquel elle
donne lieu, la technique permettant de concilier et de
dépasser, formellement et dans le contenu, tous les lan-
gages afin de les juger.

En ce cycle rétrograde, le philosophe est le rempla-
çant du Dieu. Il est le témoin de la transparence perdue
et le dépositaire de ce moyen, misérable, mais aux possibilités indéfinies, qui a été laissé à l'humanité et qu'on
appelle *Raison*.

C'est là ce que nous dit Platon, en fin de compte : si
Raison n'a pas de sens, si ces ombres à la Raison que
sont l'irrationnel, le mythe, la difficulté de dire ne s'inscrivent pas dans le projet de rationalité, alors autant
valent la violence et Calliclès, autant vaut l'homme
qui se fait bête.

Conclusion

Platon a inventé la philosophie : il a défini ce que la culture désormais va entendre par *raison*. De la sorte, il a dessiné le cadre à l'intérieur duquel la pensée « méditerranéenne-occidentale » construira ses valeurs et développera son progrès. Les concepts de *sens légitimé*, d'*universalité*, de *vérité*, de *fondement*, d'*ordre juste* — dans la double signification de la justesse et de la justice — de *correspondance*, au moins revendiquée, entre *théorie* et *pratique* et quelques autres, qui sont éléments constituants de la rationalité, les dialogues platoniciens en déterminent, pour la première fois, d'une manière insistante et claire, la compréhension et la portée. On pourra certes toujours trouver, dans la préhistoire de la Raison, tel penseur pré-socratique, tel sage moyen-oriental ou oriental qui a prononcé des phrases apportant des lumières sur la situation de l'homme contemporain et les tenir pour des révélations. On pourra, d'une façon sans doute plus pertinente, constater les « insuffisances » du platonisme, souligner les incertitudes ou les ambiguïtés de la doctrine, condamner l'idéalisme ou l'utopisme du fondateur de l'Académie, mettre en évidence les mutations décisives qu'a dû accomplir la culture pour rendre effective, humainement praticable, l'idéalité de la Raison.

Certes, il a été nécessaire — comme nous l'avons déjà noté — que la modération aristotélicienne réintroduise entre l'intelligible et le sensible une relation qui risquait de se distendre à l'excès, que les intuitions hébraïco-chrétiennes fassent valoir les exigences propres d'une subjectivité que Platon, certes, ne méconnaissait point, mais qu'il tendait constamment à réduire cosmiquement ou politiquement, que la Renaissance et le classicisme européens, ce dernier grâce à Galilée et à Descartes, définissent un autre statut de la science, plus soucieux du rapport réel qu'entretiennent l'homme et la nature, que l'Age des lumières et Kant sachent légitimer et remettre à sa place l'ambition métaphysique, que Hegel (et, par conséquent, Marx) donnent de l'historicité une interprétation plus conforme à la fois aux conditions de l'existence et au contenu des événements, que le développement de l'industrie fabricatrice et de l'administration planifiante s'impose comme norme et comme technique au cours des cent dernières années, il a été nécessaire que l'homme se batte, souffre et invente pendant vingt-quatre siècles pour que l'idéal commence à devenir réalité.

Il n'est toutefois devenu réalité que parce qu'il avait été précisément défini comme idéal. Le christianisme, les sciences expérimentales, les définitions modernes de la liberté effective ne prennent leur sens et leur efficacité que rapportés au projet platonicien de faire triompher l'Esprit, c'est-à-dire « ce qu'il y a de divin en l'homme » : la Raison. Aussi bien, aujourd'hui, faut-il renoncer à se déclarer solidaire du platonisme ou à le contester sérieusement en invoquant tel ou tel thème qui serait exaltant ou contestable : ce n'est pas qu'il y ait un système platonicien — comme il y a des systèmes spinoziste ou hégélien — qu'on doive tout entier accepter ou rejeter ; c'est plutôt que toute mise en question partielle est dérisoire dans la mesure où elle utilise nécessairement une rationalité dont Platon a défini totalement le sens... On ne dresse pas Platon contre soi-même, on n'oppose pas la *Callipolis* à la société « rationnelle » contemporaine (réalisée ou en gestation), on ne contredit pas la raison métaphysique en invoquant la raison scientifique, à moins de chercher de faciles et anachroniques victoires...

Cette mise en question — à laquelle le spiritualisme traditionnel procède encore souvent aujourd'hui — est d'autant moins sérieuse que l'État moderne tend à réaliser, en l'étendant à l'activité de millions d'hommes et bientôt à l'humanité tout entière, le modèle d'organisation administrative, de mise en place de chacun et d'ordination de tous dont Platon a rêvé. La *Callipolis*, avec ses hiérarchies strictes et son obédience au savoir prospectif, avec sa pédagogie sélective, est l'essence que les divers régimes politico-économiques s'affrontant actuellement cherchent, avec plus ou moins de subtilités, selon leurs possibilités historiques, à faire exister. L'idéal de Platon est maintenant de l'ordre du fait. Le despotisme technocratique, le pouvoir incarné par un homme et éclairé par la science — qu'il s'agisse d'une nation, d'une unité industrielle ou bancaire — s'imposent comme effectuant théoriquement et pratiquement ce en quoi les totalités sociales trouvent leur réussite. La cité platonicienne devient mondiale...

Aussi bien, s'il y a une contestation sensée, elle porte, non sur Platon, penseur historiquement situé, non sur le platonisme, « doctrine idéaliste », mais sur le projet même de rationalité tel que le dialogue l'introduit, tel que la philosophie l'entend. Il ne suffit même pas, pour introduire une mise en question, d'invoquer ces réalisations différées de la théorie platonicienne que sont ses conceptions de Hegel, de Kierkegaard ou de Marx. Celles-ci, quand bien même elles nieraient Platon et le platonisme, le dépasseraient-elles en faisant apparaître d'autres dimensions de l'homme, demeurent tributaires de ce contre quoi et au-delà de quoi elles veulent et réussissent à aller.

Pour sortir du platonisme, il faut admettre cette éventualité extrême : que la Raison même ne soit pas cette valeur omnipotente et omniprésente, juge de toute pensée, de tout discours, de toute conduite... C'est précisément cette éventualité que signale, semble-t-il, Nietzsche. Quelle est donc cette rationalité pour laquelle milite constamment, avec cette insistance rabâcheuse des médiocres, le citoyen Socrate ? Un principe d'égalisation qui se constitue en même temps comme instance répressive. Voici l'infinité des hommes, des sentiments, des passions, des jouissances, des douleurs! Voici la variabilité de la vie et de ses joies multivalentes! Voici celui-là qui se plaît à commander, cet autre à obéir, cet autre à vouloir le plaisir comme il se donne, ce dernier à préférer le renoncement... Le raisonneur Socrate intervient et son disciple Platon — qui s'institue professeur — normalise cette intervention : ils veulent *réduire* cette diversité qui les importune, ils cherchent le critère qui va leur permettre désormais de *tout* juger.

Ils prennent comme valeur le plus petit dénominateur commun. Ce qu'ils appellent Raison, n'est-ce pas finalement ce sur quoi tout le monde — monde, c'est-à-dire hommes, choses, mortels et immortels — peut s'entendre et qui, au fond, n'intéresse, ne concerne réellement aucun ?

La Raison n'est-elle pas le dieu et le refuge du ressentiment ? Ressentiment de celui qui se sent incapable d'éprouver la plénitude différenciée de la vie, qui, ne parvenant pas à se situer de plain-pied avec la *qualité*, cherche une *mesure*, cette mesure qui rend intelligible, mais qui, aussitôt et de ce fait, abolit ce qu'elle prétend dominer. Car il ne suffit pas de moquer l'« égalité arithmétique » qu'impose la démocratie politique ; il faut comprendre aussi que l'« égalité géométrique » que veut la philosophie et qui place celui-là ici et cet autre là, selon la relation que l'un et l'autre entretiennent avec la Raison, installe, à sa manière, un tribunal aussi arbitraire et dérisoire que celui de l'Assemblée populaire au moment de ses pires caprices.

La philosophie est répressive : elle l'est parce qu'elle est fille de la Cité, forme déterminante et exemplaire de l'État. Aux sottises de l'opinion publique, elle oppose le poids de ses « décisions raisonnables », celles qui conviennent, dit-elle, à la nature ou aux conditions d'existence de l'homme ; elle tend à substituer à la démocratie fondée sur le conflit des intérêts et des passions une autre démocratie, qu'elle affirme plus sérieuse et plus solide, qui aurait pour légitimation le fait que les hommes parlent et qu'ils souhaitent parvenir à un accord...

Or, les hommes ne s'accordent que sur la platitude. La Raison, c'est la platitude qui pose des questions et les résout, mais qui ne fait jamais problème. Civilisation du tribunal, de la vulgarité agressive, de la normalité, est-ce cela que le platonisme impose comme idéal et que la société contemporaine réalise ? L'erreur fondamentale de l'humanité date-t-elle de vingt-quatre siècles et cette généalogie platonicienne que nous revendiquons comme titre d'honneur dans l'*Introduction* de ce texte ne marque-t-elle pas le « commencement de la fin », de cette fin qui aboutit aux « irrationalités rationnelles » dont nous souffrons aujourd'hui ?

Le refus est le mode d'existence qu'adopte l' « homme rationnel » : il choisit la défiance, il s'emploie maniaquement à douter, il s'indigne de tout excès, il condamne le corps et la vie dont il craint les pulsions, il jugule l'affectivité et ses manifestations, il critique la Raison — cette valeur qu'il a cependant inventée — tant il s'inquiète de voir l'homme aller au-delà de ce qui est permis. Bref, il a peur, toujours et partout. L'opération logique — fort importante pour lui qui a choisi l'arme de la parole — qu'il utilise, c'est la négation. Mais c'est une négation douce, qui vise finalement à réconcilier. Il invente la dialectique, ce procédé grâce auquel, sous le prétexte du dépassement, est instituée une façon de penser qui reconnaît toutes les violences et toutes les objections, mais qui les absorbe bientôt sous le signe lénifiant de la synthèse.

Au fond, sous la catégorie de la Raison égalisatrice, ce que la philosophie depuis Platon présente comme valeur, c'est le *Rien* : la lumière qu'elle entend projeter détruit toutes les ombres, tous les reliefs, toutes les différences... Dans la blancheur fade du concept, la couleur et la vie s'abolissent. La contemplation du Bien ?

N'est-ce point là l'étape ultime et pleinement satisfaisante à laquelle doit mener l'éducation platonicienne ? La contemplation de l'ordre intérieur et extérieur ? N'est-ce pas ce que propose aujourd'hui la société rationnelle qui dessaisit chacun — pour le plus grand bien de tous — de toute initiative (qui risquerait de n'être pas scientifique) et préorganise son activité de telle sorte qu'aucune inquiétude sérieuse ne puisse survenir ? Le projet platonicien du Savoir, la promesse chrétienne du *salut* (et sa signification pour la conduite individuelle ici-bas) et la volonté contemporaine du *bien-être* ne sont-elles pas les avatars historiques principaux de ce devenir d'une Raison de plus en plus dominatrice, prenant de mieux en mieux conscience de ses limites et développant, de ce fait, une répression de plus en plus agressive ?

Ces questions, ces objections, nous les posons sans y répondre. Il n'aurait pas été correct que nous n'évoquions pas — alors que nous venons de présenter un texte consacré au fondateur de la philosophie, texte au cours duquel nous n'avons pas cessé de souligner la force seigneuriale qu'il a opposée à ses adversaires — l'éventualité d'une mise en question radicale. Répétons-le : l'adversaire sérieux de Socrate et de Platon, ce ne sont pas les philosophes qui trouvent obscures leur théorie de la participation ou leur doctrine du langage ; c'est Calliclès. Or, Calliclès, effectivement, c'est-à-dire historiquement, a deux « réalisations » possibles : le tyran criminel et imbécile Archélaos ou le penseur Friedrich Nietzsche.

Or, Archélaos et Nietzsche sont aux antipodes : le premier est un esclave qui s'est fait maître et qui a transporté dans la maîtrise tous les ressentiments et toutes les sottises meurtrières de l'homme servile, le second, « par delà le Bien et le Mal », est le chevalier et le héraut de l'existence et de la vie libérées... L'un et l'autre, toutefois, se retrouvent — bien contre leur gré — pour contester la rationalité philosophique et la civilisation démocratico-scientifique qui la réalise...

C'est l'énigme la plus grave à laquelle se heurte la réflexion contemporaine et à propos de laquelle achoppe la pratique politique critique... Un des moyens — le plus sûr, sans doute — de se mettre en situation de penser clairement cette énigme et, peut-être, de la dépasser, est, comme nous espérons y avoir invité, de considérer qu'il est bon, avant tout, de connaître Platon.

Impression Brodard & Taupin
à La Flèche (Sarthe),
le 2 novembre 1990.
Dépôt légal : novembre 1990.
1er dépôt légal dans la même collection : février 1989.
Numéro d'imprimeur : 1739D-5.

ISBN 2-07-032506-7 / Imprimé en France.

François Châtelet
Platon

« Qui se tourne vers le fondateur de l'Académie rencontre bientôt une résistance surprenante et se voit contraint d'entrer en dialogue.

Platon ne saurait être constitué ni en "curiosité archéologique", ni en écrivain prétexte. C'est de nous qu'il parle, de l'homme en proie à la triple problématique caractéristique de son destin, de l'individu qui cherche la satisfaction, du citoyen qui veut la justice, de l'esprit qui réclame le savoir ; et sa parole retentit singulièrement parce qu'elle émane d'un temps et d'un lieu d'origine où furent prises, dans des circonstances exceptionnelles, des décisions qui, désormais et quelques inventions qui furent faites depuis, déterminent notre culture. »

                                                    F. C.

9 782070 325061

folio essais

ISBN 2-07-032506-7   A 32506   catégorie A